人生、行きがかりじょう

全部
ゆるして
ゴキゲンに

バッキー井上

ミシマ社

本書について

あるときバッキー氏は、こんな話を聞かせてくれました。

「なんで？」と、それこそなんで（なぜ）そんなに言うんでしょう？　老いも若きも。

実際、そうとしか答えようのないことって、多いんちゃうかなぁ。

「ええから」

「なんでも」

たとえば、「おお、あの店にしよう」と俺が言う。

そうしたとき、

「なんで（あの店なん）ですか？」

と聞き返してくる人がいる。

そんなん……なぁ。

その店を俺が選ぶ理由、その一、その二というのはあと付けであって本当の理由ではない。

なんでそこなのかは、行けばわかる、行ってもわからないこともある。けれど、行かずに、先に理由だけ知ろうとするのは、ゴキゲンから遠ざかるのと同じだ。初めから負け戦《いくさ》だ。

「なんで？」と訊くほうも、答えるほうも、どっちもつまらなくなることやと思う。

そういう俺も、昔は「なんで」と親父によく言ってました。

「おい、ヒデオ、あの店であれを買ってきてくれ」

同じものを買える店は、ＡとＢの二店ある。Ｂで買うほうが同じ商品でも五〇円ほど安いときがある。なのに、Ａで買えと親父は言う。当然、子どもの俺は訊く。

「なんで、あの店なん？」

そしたら、間髪いれず、怒られるわけよ。

「なんでもや！」

最初、意味がわからなくてねぇ。次にお遣いを頼まれたときは、Ｂに行けと言われたりするから。高い安いが基準やなかったんやねぇ。

だけど、今になってよくわかる。親父が正しかったなぁ、と。

えっ、なんで親父が正しかったかって？
そりゃ、「なんでも」と答えるしかないなぁ。

たしかに、「なんでも」「ええから」としか世の中には言いようのないことがあります。とはいえ、多くの人は、やはりそれでは不安になるものです。ですから、すぐに根拠や理由を求めようとします。
けれどバッキー氏は違う。力みなく、飄々《ひょうひょう》と言ってのけます。

「行きがかりじょう」は生き物だ。あるいは人生そのものか。

バッキー氏のこの確信（あるいは思想）はいったい、どのようにしてつくられていったのでしょう？
氏の経歴は、ざっとこういうものです。

画家、踊り子を経て、〝ひとり電通〟を目指す。

三七歳のとき、京都の錦市場で「錦・高倉屋」という漬物屋を始める。

六年後、裏寺で、「百練」という居酒屋も始めてしまう。

雑誌『ミーツ・リージョナル』では創刊から約三〇年、三〇〇号を超える現在まで「百の扉、千の酒」を連載中。日本初にして日本唯一の酒場ライター。

自称、スパイ・忍び・手練《てだ》れ。

本書で初めてバッキー氏は自身の半生を語ってくれました。それは、とてもプロフィール欄に収まるものではなく、まさに、ヌルヌルした怒濤《どとう》の半生。行きがかりじょうの強さ・たくましさとしなやかさを持ち合わせたものでした。

そんなバッキー氏の言葉は、本人の意図とは別に、間違いなく、多くの人たちをゴキゲンにするだろうと確信できるものばかりでした。

近頃、僕のところにいろんな人たちが来るんです。

もともと何を目指していたのかわからんようになった奴、就職活動に悩んだ学生、会社の仕事をがんばりすぎてハゲた奴、ヒト皮むけた奴……。

居酒屋・百練に来てくれる人たちを、「磯辺《いそべ》の生き物」と呼んでいます。

磯辺。

なぁ。

磯の波打ち際とか、変な生き物だらけですよ。フジツボ、カニ、ゴカイ、ヒトデ、ウニ、イソギンチャク、フナムシ、カメの手、ようわからん虫とか、いろんなもんがウヨウヨいる。

入りくんだりしていて波も割れたり枝がたまったり変化の多いところやから、たぶん、そういうふうになるんだと思います。俺は学者（自称）やからよくわかる。大海の魚みたいにスイスイと生きていけない質《たち》の生き物が、時代や環境が変わってるのに、大海の魚みたいに生きようとしたら、そりゃしんどいですよ。それに、大海の魚ってマグロでもサバでもイワシでもなんでも、同じ顔しとるよね。なんか。

磯辺の生き物が大海のマグロなんかと同じ顔して生きようとしたら、苦しいに決まってます。

だからといって僕は、磯辺の生き物やありません。森のキノコ。

まぁ、磯辺の生き物にせよ、森の住人にせよ、岩の隙間で生きたり、岩の色に変色したり、ポジティブに反応しつづけないといけない。

それをかっこよく言うと、木村英輝師匠も立川談志師匠も「成りゆき」と表現したが俺は、行きがかりじょう、となる。

言い訳でも無責任でもない。

自分が選択をして、現れるものと向き合い、すべてポジティブに反応する。

行きがかりじょうとは、シアワセになるための基本的な心構えであり、優れた戦法なんです。


おそらく、ときどき「意味不明」なフレーズに出くわすことになります。が、どうぞ気にせず読み進めてください。やがて、それらは「名言」となって輝いてくるはずです。なんでそんなことが言えるのか？

もちろん、「なんでも」「ええから」と答えるほかありません。

間違いなく言えるのは、バッキー井上という人は、「なんでも」「ええから」というひとことで全責任を一身に背負ってしまう、かっこええ大人であるということです。

人生、行きがかりじょう——。

彼の意味不明な言葉のシャワーを浴びつづけ、バッキー的感性を少しでも身につけていただければ幸甚です。

前口上はこのへんにして、恐ろしくもゴキゲンきわまりないバッキー劇場の幕開けです。

＊本書は、二〇一三年の七月、八月、京都の夜に語られました。　編集部

人生、行きがかりじょう　全部ゆるしてゴキゲンに／目次

第五夜

第六夜

第一夜

俺がここ数年でようやくわかったことのひとつに「行きがかりじょうはゴキゲンへの道しるべ」というのがある。下絵をなぞることは何かを習得するときは非常に効率の良い手段だけれど、街や遊びにおいては下絵をなぞるより「行きがかりじょう」を優先して、行ったり来たり、立ち止まったり立ち往生したり途方に暮れたり、せつなくなったり、穴があいたり抜けたり、口をあけたりしながら道中するほうがはるかに実りは大きい。極端な言い方をすれば「行きがかりじょう」なことがあるから俺は酒場に行っている。

二〇〇二年

1

傷だらけのバッキー

一九五九年、バッキー井上こと井上英男は京都市中京区で生を享ける。「自称、忍び・スパイ・手練れ」。その素質はすでに子どもの頃から開花していた。

エリーの思い出

子どもの頃、犬を飼っていた。といっても、野良犬を飼うようになっただけやけど。すごく可愛がってた。俺が親の言うことを聞かへんと、親父は「今度そんなことしたら、あの犬をほかす！」と言って怒る。あるとき、ほんまに車に乗って、けっこう遠い伏見のほうまで連れていって、ほかしよった。

そしたらね、戻ってきよるわけや。二日ほどして。

いや、ほんまに。二回くらい戻ってきたことあった。

犬を抱きしめてもう、泣いたよ。泣きくずれた。

俺が十歳くらいの頃ちゃうかなぁ。名前はいつも「エリー」やったな。死んだり、どっか行ったりするたび、別の犬が出てくんねん。仔犬もらったり。で、いつも名前はエリー。俺がつけたんかどうかも覚えてへんけどなぁ。

酒蓋集めて、宇治まで行って、お岩さん。

小学生の頃、日本酒の一升瓶《いっしょうびん》の酒の蓋《ふた》を集めるのが流行《はや》ってね。

その頃、俺が住んでたのは七条の本町の辺やったんです。昔は酒屋さんが通りに点々とあってね。ひとつの町内ごとに必ず酒屋さんが一軒か二軒くらいあった。

酒屋さんの前には、空き瓶が出てる。月桂冠、大関、松竹梅とか、ぎょうさんあった。

月桂冠なんて、なんぼでもあんねんけど、やっぱり珍しいのが欲しい。字のない剣菱とか。

そういうのを探して、ずーっとそこら中を歩いてると、宇治まで行ってしまうこともあった。ふつうに歩いても二時間では行けない距離を、夢中で何時間でも歩いた。帰りは、リュックサックにいっぱいの酒蓋。たぶん、電車で帰ってたんちゃうかな。

酒の蓋って、キャップというかビンに差す栓みたいなのが付いてるでしょ。コルクやったり、プラスチックやったりするけど、昔はコルクが多かった。その蓋を取るのに、歯でガッとかんで取った。

俺、やりすぎてもうてな。

明くる日、顔の右半分が四谷《よつや》怪談のお岩さんみたいになってしまった。右の歯の神経が切れてしまったんや。誰かわからんくらい腫《は》れて。そらぁ、エグい顔やった。酒の蓋の呪いやとお母《かあ》にいわれた。

忍びとして

子どもの頃いつも、屋根の上を行き来してたんですよ、町内中。……俺、忍びやから。けど、忍びも落ちることがある。何回も何回も屋根の二階から落ちた。

あるとき、小学校に行くのが嫌になって、豊国廟の庭の柿の木に登って本を読んでいた。そうしたらもたれてた枝が折れて木から落ちた。それで頭を数針縫った。

子どもの頃はいつも血だらけでした。

全身で二〇〇針くらい縫ったんちゃうかなぁ。一回で三〇針とかじゃなくて、五針とかそんなんが何十もある。あの当時、医者に行くと、たいてい縫いよった。何でもかんでも……俺は自分で縫いたかったし、縫う自信もあった。

でも本音は、縫うっていうのが意味わからんかったなぁ。

俺ほんまにいっぱいあんねん、五針以下の傷。チョチョチョチョン、チョチョチョチョン、チョチョチョン。やな。

ケンカじゃ勝ったことない

ハタチくらいのときかな、銀閣寺のほうでその時に付き合ってた彼女と一緒に、居酒屋に入ろうとした。ちょうどそのとき、中から出てきた奴らがいて、彼女のおっぱいを触ったみたいなんや。まあ、泣くわけよ。「おっぱい触られた」って。俺は、「おー、そうかぁ。あかんのう。あいつら酔うてるんやの」と慰《なぐさ》めた。けど、泣くわけやん。俺を見て。

「おー、わかった。ほな俺が言いに行ってくるわー」

そう言って、パッと見たら、めちゃくちゃデカイ奴らが五人もおった。しゃあないやん。言いに行ったよ。

一瞬やったなぁ。

……アッという間にボコボコにされた。手がピリピリになった。それで救急車で運ばれた。

退院してから彼女に、「なんでお前、あのとき、俺にあんなこと言うてん？　いつも俺に触られてるやないかー」って。最低の男や。でもそれも行きがかりじょうやなぁ。

一カ月ほど入院した。肋骨《ろっこつ》三本くらい折れて肺に刺さって……。

たぶん、体育会系のごっつい奴らやった。俺は彼女にかっこつけるつもりがもうボコボコ。最低にかっこ悪い結果やな。

負けるとは思ってなかった。かなんなぁコレはとは思ったけど、なんか、いろいろ通用するかなぁと思ってた。顔で語ったり話したら通じるかなって。

うーん。だいたいケンカで勝ったことないなぁ、俺。全負け。ＴＫＯ。

ヤクザに刺される

ヤクザの人にも刺されたことある。またこれも居酒屋で。

……モメたんよ。俺からはモメない。俺はモメていくタイプじゃない。

ツレと言い合いになった相手が、途中でヤクザっていうのがわかった。そのうちなんかムチャクチャになってきた。向こうもコワイこと言いよる。家やらツレの家族やらムチャクチャにしたるどとか。ほなもう俺は、なんかわからんけど「刺せー！」と言って、居酒屋の前の道に寝転んだってん。寝転んで、「刺せー！」って。

……ほんで刺された。

それが、漫画みたいな話やけど、後ろから兄貴分みたいなのが出てきたんや。その兄貴分が、こう言うわけ。

「わかった、ほな兄ちゃん、俺が刺したるわ」。そう言って、爪楊枝《つまようじ》で腹をチクッと。

「兄ちゃんこれでええか？」

かっこええやろ。爪楊枝で、チクッと刺して、「ほら刺したったど兄ちゃん。納得したんか？」って。

ほんま漫画みたいな話やった。

そんな話いっぱいあるけど、あんまり覚えてない。

うちの母親はよう覚えとるけどなぁ。お菓子持って着物を着てしょっちゅう謝りに行っとったから。

パチンコ屋でガラスまみれ

まだ一八歳になってなかったなぁ。

あるとき、俺と一緒にいてた奴が河原町のパチンコ屋の外のガラスを蹴っとった。バーンって。

けど、分厚いから割れない。それを見た俺は、「お前の蹴り、大したことないのう」と言った。そしたら、「お前蹴ってみいや」って言われてね。

俺も蹴ったよ。でもビクともしない。で、言い合いになった。

「ほれ見てみい。お前も割れへんやろ」

俺ね、河原町通りの道の向こうくらいからビャーっと走って来て飛び蹴りした。バーンと。

そしたら割れたんや。グッシャーンいうて。ガレージのシャッターくらいの大きさのガラスが割れた。夜の営業外の時間やったけど、やばい、と思って、一緒にいた三、四人は一目散に逃げよった。誰もが「逃げろー！」って、逃げよった。けど、俺の足にはガラスがいっぱい刺さっていた。

逃げられへんのよ。匍匐《ほふく》前進で逃げたけど、全然逃げられへん。それで、パチンコ屋の奥から人が出てきて、事務所に連れて行かれた。「どうしてくれるんや！」って。

親父が話をしに来て、弁償して、それを俺がバイトで返したんやと思う。

わりと、そういうのはいっぱいある。けど、あんまり覚えてないよ。

断崖絶壁でファイト一発

こんなんもあった。

バイクの二人乗りをして、峠のカーブでこけた。そのまま、後ろに乗ってた奴と俺は、崖から落ちかけた。

そのとき。俺はガードレールをつかんで、もう片方の手でそいつの服をつかんだ。あの「ファイトー！　イッパーツ！」みたいな感じ。下に落ちたら即死の断崖絶壁じゃないけど、けっこうきつい崖やった。手を離したら、間違いなく大怪我はするくらいの。下のそいつがなんとかぶら下がるとこを見つけて、這い上がって助かった。まあ、まだ、「ファイトー！　イッパーツ！」なんて広告もなかった時代やけど。

夏になれば、海に行くわな。

夜中ウロウロして、早朝に京都北部の高浜に着いた。「島まで泳ごう」。そう言って、一〇人くらいで泳いだ。

真ん中くらいまで泳いだら、肩が外れた。その頃、脱臼癖があってね。それでみんなに、「おーい、肩外れたー！　なんとかしてくれー！」と叫んだ。

そしたら、「またアイツ、なんか企んどるやろ」と思われて、ほっとかれた。ひどいやろ。島にたどり着くまで手がぶらぶらして泳ぐのメッチャ痛い。しかたないし、外れたほうの手の指を口でくわえて泳いだ。なんとか島に着いたけど、噛んでいた指から血が出ていた。

「なんでお前ら助けてくれへんねん！」って言うと、「お前いつもなんか企んでるやろ」って言い返された。

夏の海はいつもきつい旅になる。それが青春だろ。

2

水道屋の「サタデー・ナイト・フィーバー」

青春の「きつい旅」をばく進していた一〇代。ところで、その頃、いったい何をしていたのか？　ある日突然井上は、人生の大転換となる行動をとる。

地元で下宿

その頃なにをしてたかって？

そうやねぇ……学生ではないよ。まぁ、学生というものになれなかったなぁ。とてもなりたかったんやけどね。

でも同じ年くらいの大学生のツレはめちゃくちゃ多かった。そういえば京大の農学部の東の辺りで下宿もしてたなぁ。おかしいやろ？　京都に家あるのに。朝、大学生の男と一緒に起きて、そいつと一緒に大学へよく行きました。「ほな今日も暇やしつき合うわ」みたいな感じで。「今日のこの授業おもんないし俺は学食行くわ」って学食で気絶するほど食べたり。あとはそうやなぁ……大学の近くのジャズ喫茶に行ったりしてた。一九八〇年ぐらいかなぁ。

下宿してたのはハタチの頃だと思う。下宿したって言っても、そんな何年もしてないよ。

半年くらいかなぁ。

静岡から来てる同大生（同志社大学）の男がおってね。酒場で飲んでたとき、となりのカウンターで逢《お》うたんです。気がつけば飲んでようしゃべるようになって、「なんでお前、同志社やのに京大の真横に住んでんねん」って訊いたんですよ。そしたら「こっちのほうがええんや。俺は同志社嫌いなんだ」「京大の奴らのほうが俺は性にあってる」と言うから、「こいつ何言うとるんやろ」と思ってね。そのうちにそいつが下宿しているところに、俺も飲んで帰るようになって一緒に下宿するようになったんです。家賃は割り勘で。なんか憧れがあったんちゃう？　地方に行って、下宿してみたいっていう。「青春の門」のような。

バイトからジャズ喫茶へ

高校時代はステレオタイプの不良ではありません。喧嘩をするタイプとかではない。でも、まぁ……不良と言ったら不良だったかな。

先取り精神あったしね。

タバコは映画の影響で吸ってたな。そんなんですわ。つかまるようなこととかはしないけど、お酒は飲む。酒を飲む場所に行くのは、かなり少年の頃から好きだったからね。オモロかった。いろんな人がいる場所が。ここが核心、原点やね。

中学から高校に行って、夏休みにアルバイトするでしょ？　俺ら、飲食店でバイトできるようになってうれしくて必死でボーイになった。〈ニユートーキヨー〉とか、そういうビアホールかイタリアンかよくわからない店なんかで。

バイトが終わると、だいたい夜の九時半とか一〇時くらい。それで、そこのバイトで知り合った大学生の人らが行くジャズ喫茶とかロック喫茶に、付いて行くんですよ。どこに行かはるかわからないけど、とりあえずどっか行かはるんやなと思って。「どこ行くんですか？」「一緒に連れて行ってください」と言ってエンドレスに付いて行く。

でもね、たぶん先輩たち、行く先を変えていたと思う。今日は高校生が付いてきたから、いつもは安い〈養老乃瀧〉とかに行っているところを、「ジャズ喫茶でウイスキーでも飲んでるところ見せなあかん」って思っていたやろね。ちょっとかっこええと思われそうな絵面を考えて行ってたと思うな。

ヘンな店ばかり

あの頃って、そういうところに行くと何でもどんどん吸収するでしょ。今は少ないけど、その頃は普通にしゃべってても声が聞こえないくらいのボリュームで音楽がかかっているところが多かったんですよ。顔をひっつけてしゃべらないとまったく聞こえないくらい。そこで、みんな眠りこけとるんですけどね。眠りこけてんのか、首振って乗ってるのか……。本読んどる奴は本読んどるし。タバコが山になってて、女とずっとしゃべってる奴とか、そんな連中がうようよしてました。

ヘンな店ぎょうさんあったなぁ、その頃。〈スタディールーム〉っていう店。東山安井のほうにあって、きついロックがかかってたんやけど、入ったらみんな靴を脱いで、ふかふかの絨毯が敷いてある洞穴みたいなところやった。テーブルも何もない。ガーンて音が鳴っててね。〈飢餓〉っていうロック喫茶は、もう店じゅう全部真っ赤っかやったなぁ。床だけ黒で、あとはもうテーブルもイスも全部真っ赤で。

ビートルズしかかかってない〈六本木〉っていう店もあった。他にもいろんな店があった。昼間はコーヒーを飲んでジャズを聴いてても一〇〇〇円もしないけど、晩に同じような感じでいくと、五、六〇〇〇円。レジに時計がいっぱい入ってた。払えなかった学生たちのね。俺も一回びっくりするような値段のときがあったかな。

だんだん街に通じていく

街には最初いろんな人と行きました。勝手には行ってない。

そのうちに、だんだん一人で行くようになった。流行ってる店に行っていると、他にどんな店があるのかだんだんわかってくる。店にチラシやら置いてあるでしょ。今みたいに店の情報誌みたいなのないし。それで、どこそこに行ったっていう話をツレなんかにすると、ツレが自分のお兄さんに連れていってもらった店の名前を出して「ほなお前ここ行ったことあんのけ?」とか言うわけですよ。それでだんだん広がっていく。

まぁ、酒場ライターに向けてのウサギ跳び的な時期かな、今から思えば。けど酒場ライターになるなんて思いもよらへんかったけど。

まぁ、酒場ライター自体、俺の造語やけどね。そんなん、なろうと思ってたら、逆に酒場に通ってなかったかもしれんよ。

先にわかることはおもろないから。行きがかりじょうそうなっていっただけで。

時代の空気の中で

今、行きがかりじょうって言いましたけど、自分がこんなふうになった理由をあえてあげれば、時代の空気というのもあったかもね。あー。

一九七〇年頃、俺らが小学生くらいまでは、たとえばテレビ・新聞・雑誌といった業界はまったくの別世界でした。それが七〇年代の後半くらいになると、普通の人でもできるんちゃうか、っていう空気になっていった。雑誌も、知り合いの人がカメラマンになったり。俺らでもそういう世界に行けそうな気がしたんです。それまでは、ごっついアッパーの人だけの世界で、賢いだけでは無理。家がそういう世界に関係がないとあかん。そんな感じがあったんです。

音楽も、ものすごく多様化しました。今から話すのはウケウリやけどね、同時に服も多様化した。六〇年代なんかは、アイビーが流行ったらアイビー。けれど、七〇年代になると、そのままトラディショナルなアイビーでいく人もいれば、ヨーロッパ系のモードっぽいもの、もしくはウエスタンシャツを着て、ヘビーデューティーなアメリカのヒゲフサフサっぽい感じでいくとか。バーっと何もかも多様化していきました。当時、「なんでもできる」みたいな空気があったんちゃうかなぁ。時代として。

そんな空気の中で、俺もそうなったんやろうね。

水道屋の「サタデー・ナイト・フィーバー」

うちの親戚が水道工事の仕事をやってたんですよ。

高校をやめなあかんことなった時に、その水道屋さんにお世話になりました。「人手も足りひんし（たぶん、足りていた）来て」って声掛けてもらい住み込みで働きました。そして「ここで働きながら、大検（大学入学資格検定）受けよう」と考えてましたけどね。そこの仕事が、きついんですよ。

もう、水道屋の店（事務所を店と呼んでいた）に帰ったら山盛りビールを飲んで、食べさせてもらってフラフラに。

昼は昼で一番若手やしフラフラになって仕事をしてた。ドロドロやし、汗もかくし、土も触るし、油も触るし……。でも一〇代やろ。家帰って、すぐお風呂入って、ごはん食べて、そのまま寝れるか？

寝てられへん。

意味もなくええ服を着て、街に出かけたくなるんですよ。「サタデー・ナイト・フィーバー」のジョン・トラボルタの動機と同じ。あいつと同じや。あいつは、ペンキ屋で毎日ドロドロになる。それが、家に帰ったら白のスーツに着替え、ディスコにくりだす。あれと一緒やった。

意味もなく綺麗な服着て飛び出して行ってたなぁ。爪の中、土と油だらけやのに。そんなんしながらけっこうマジメにディスコをがんばってました。わりと真面目やからね、何かやり始めたら。

これは損や

でも、昼ドロドロになって、それを埋め合わせるために、夜に誰にも求められていないような綺麗な服着て街に出かけていったりするのは損や、と思った。時代がこんなふうになってるのに。

本当は損ではなかったのにね。

若いと間違うよな。

「この感じは損や」

昼に自分が納得できる仕事をやればいい。時代がそんなんやから、広告とかメディアとかの仕事に携わることができれば、晩に綺麗な服を着てムリに出かけなくてもいい。そう思ったんでしょうね。

デザインとかの世界は徒弟制度みたいなものやから、月にもらえる給料も安い。でも、きつい仕事してたくさん給料もらって夜にそれを使うよりもそっちのほうが得やと思った。飲みに行っていると、「あの広告がかっこよかった」とかいう話がいつも出てくるような時代でしたからね。「あの広告のキャッチコピーがどうや」「この間の『プレイボーイ』のあれはかっこよかった」とか言ってるわけです。昼ドロドロになって、夜になれば綺麗な服で出かけてっていうパターンより、安月給でもそういう世界を目指していったほうがええ、そのほうがモテる、そう思いました。

クリエイティブのことなんて、なんにもわかってなかったんですけどね。


で、電話帳を見て、広告関係の会社に何社か電話をしたんです。

でも、「美術系の学校出たの?」「作品を持って来い」とか言われる。そんなん言われても……。そんなところ行ってないし、仕事をしたことがあるわけじゃないし、作品があるわけでもないし、あっても年賀状くらいやし。

それでも何社にもずっと電話してたら、ある広告制作会社で、「うちは募集もしてないのに、なんで君は電話してきたん？」って訊かれた。

それで俺、こう答えたんやなぁ。「会社から出てきた人が綺麗やったからです」。ほんまは、行ってもいなかったのにね。そしたら、電話越しに、お姉さんがクスクスって笑わはって、「ほな、社長にいちおう訊いといてあげるわ」と言ってくれた。

翌日かその次の日にかけ直したら、ほんまに訊いてくれていて、「納品係やったら来てもらってもええかも」、そう社長が言っていたということでした。

もうなんでもええわ。とりあえず、そういう世界に触れられるんなら、と思いました。

それで行ったら……。

別世界。

会ったこともないような人種ばっかりでしたね。

まぁ、今から思ったら大したことないんですけどね。

ヒゲはやして、いかにも「クリエイター」って感じの人とか。山口小夜子《さよこ》みたいな女の人や、かっこよくてこわくてけったいな男の人や女の人ばかり出入りしてた。

ねえ？
こっちは、数日前まで水道屋してて、爪真っ黒にしてたわけですよ。
そりゃ、びびりますよ。

第二夜

飲みに行けば失うことばかりだ。お金も時間も愛も失うし頭も体も悪くなる。失言、失態、失禁、失敗だらけだ。けれどもそうすることによって大きなココロのケガから回避しているのかもしれない。チョンチョン、チョンチョン浮いたり沈んだりすることで、あまりかっこ良くはないがいつのまにやら非常にゴキゲンな人生を過ごしてしまっている。

酒場がなかったら俺の人生スカスカだ。誰がために鐘はなるだ。ほんま。

一九九八年

3 ワンピースを着た画家

一九八〇年、いよいよ憧れのクリエイターの世界へ。が、そこで井上が目にした世界は、彼をどんどんおかしなほうへと連れていく。やがて……

真っ赤なシトロエンに乗って

もぐり込んだその会社からですね。僕がヘンになっていったのは。

ほんまに信じられないほどカッコいい事務所でした。ピアノがあって、古くて重厚で正統派のビリヤード台がセンターにドーンとあって、洋書や美術書がずらーと並んだ巨大な本棚が置かれ、ガラスケースにはウイスキーやラムやジンが並んでいて。

当初俺は、グラフィックデザインをメインでやりたかったんです。平面の広告を。それしか知らなかったからね。

そうそう、うちの親父、商業デザイナーという職業やったんです。子どもの頃、お父さんの仕事を書く欄に「商業デザイン」と書くんやでと言われてたので覚えてるんですけど。まあ、今で言うたら、グラフィックデザイナー。その親父がこれまた強烈でね。グラフィックデザイナーで、ハワイアンのミュージシャン、しかもボーカルで、ほんでハンサムなんです。しかも、高校野球で甲子園にも行っている。運動神経が抜群にいい。それで話もやることもまたおもろいんですよ。だから、ムチャクチャモテたと思う。そやから、僕ちょっと親父にコンプレックスがあって……。

小学校の頃、親父からクリスマスプレゼントとかでもらうの、楽器ばっかりでね。ウクレレやギター、トランペットやドラムのスネア。

「お前も楽器やったらおもろいど」といつも親父は言うてた。

でも楽器やってたら、この親父に勝てへんような気がしてとても嫌やった。それに、みんな持ってるラジコンやプラモデルがほしいやん。

けど、毎日家では親父のツレのバンドの人やらが飲みに集まってスケベな話して笑ってる。だから音楽とか美術とか横文字的な人や仕事が嫌いやったんかもしれないな。それでも結局は横文字の世界に行こうとするんやし、もう俺は結局星飛雄馬《ほしひゅうま》や。泣きながら「父ちゃんのバカ！」と言いながら走ってるみたいなもんやな。

俺が勤めたその会社は、ファッションショーとか展示会とか、イベント系が主軸のところやったんです。もちろんグラフィックもそこで一緒に展開されていくんやけど、軸はイベント系。

グラフィック畑よりも派手なんです。グラフィック系ってわりと地味な人が多い。でもファッションショーは、実際にモデルさんに来てもらってオーディションするわけで。ショーの音楽の打ち合わせに音楽のディレクターが来たりアーチストが来たり、見たこともないような女の人やモデルがどんどんやって来る。背が高くて眉毛が糸みたいになってる女の人とか。とにかく派手でキワモノなんです。

そら、ちょっと前まで水道屋やってて、ドロドロになってた奴が、広告業界に入り込んで、「よっしゃ」と思っていたら、見たこともない派手な人、洒落たオフィスが待っていた。出来過ぎとるわけですよ。

「ほぉー、ビリヤードしながら打ち合わせするんかぁ、この世界は」

「誰も弾かへんのにピアノあるのはなんでやー」

ぽかんと口を開けるくらいしかできない。

納品に行くときに使う車も、シトロエンのトラックでね。「Dr.スランプアラレちゃん」に出てくるバスみたいなやつ。走ってるだけでみんながジーっと見てしまうようなトラック。それも真っ赤の。もうびっくりするようなトラックやで。むちゃくちゃかっこええ。それで納品に行くわけ。

納品……や。

あくまでやってることは地味でした。

天才がショーを救った

展覧会で、絵や写真のキャプションボードをウッドラックパネルなどを切って作る。やってることはひたすら地味でしたねぇ。写植屋さんに走ったり、トレスコープで一日中ロゴを紙焼きしたり、タバコを買いに行かされたりとか。でも、そこでいろんな経験をした。面白かったですよ。

納品係といっても、納品は毎日あるわけちゃうし、ファッションショーで使う小道具を買いに行ったりとか、台本用の紙を買いに行ったりとか。出入りしている人たちも派手な雰囲気はあるけど、実はやってることは地味なんです。カメラマンは一日中じっとポジを見て切って選んだり、スタイリストもいろんなところに服を借りに行ったり並べたり縫うたり。実際は地味です。しんどいし。

そこは特にイベントの仕事が多かった。ミスしたら取り返しがつかないので、ものすごく緊張はしました。たとえばファッションショーの最初に、音がボンと飛ぶ、照明が落ちる、パネルがどうかなるというだけではなくて、忘れ物ひとつでも取り返しつかないわけです。そやからものすごい緊張しました。グラフィックとかでも緊張すると思うけど、イベントは、その日のその時間しかないから。

先生（社長）も恐かったからね。わざと恐くしてるんですよ。ほんまはやさしいんやけど、わざとピリピリとした空気を出して、演出されるんです。みんながパッと張り詰めるように。


あるとき、どこかの地方の会館で、ショーの最後に風船を飛ばすことになってってね。ところが、リハのときに、他のスタッフがミスをして風船が三つくらい飛んでしまった。けど、会館の天井って高いから取れない。そのまま天井に風船が残ってたら、最後に風船を飛ばすのがばれてしまう。

先生が怒ってね。「ヒデオ、お前なんとかしろ！」と命じられた。

本番までほとんど時間がないうえに、脚立とかハシゴでは届かない。輪ゴムで撃ち落とそうとしてもあかん。――そこで出たんですよ、このスパイ、忍びあるいは手練《てだ》れが。一個の風船の上の部分に両面テープを付けて、ひもで上へあげる。天井の風船にひもであげた風船を引っ付ける。そうして見事に取った。

まぁ、俺が取っているところを先生は見てなかったけど。打ち上げのとき、「ところでヒデオ、あの風船どうやって取ってん」って訊かれた。こうこうですと答えたら、「うーん」と言うてた。まぁそんなもんですよ。褒《ほ》めへんわな、そんなことで。飛ばしたんがドン臭いんやし。

先生の深夜のおとも

そこの会社は、先生が何もかも指示するところでね。とにかく、他にはない空気だった。

先生は、気が乗ってくるまでは仕事しない。本当に天才的でした。しかもメチャ男前。乗るまでは、将棋したり、麻雀したり、お酒飲んだりしはるんです。こちらは待つしかない。

僕はわりとどれも互角に付き合えたんで、面白がらはってね。

「とりあえずお前は残っとけ」っていつも指示されてました。

朝、昼は納品に行って、夕方から夜は先生の遊びに付き合ってました。先生は、夜中に仕事しはるんで、そのときに手伝うんですよ。普通のスタッフは八〜一〇時くらいに帰るんですけど。

将棋でも、他のスタッフは先生には勝てないけれど、僕はわりと互角の戦い。ビリヤードも互角の戦い。バックギャモンも。酒も俺は強いし、歌も古い歌をよう知ってるから、仕事以外のことはほぼ付き合わされた。

先生は夜中からしか働かへんけど、こっちは朝から掃除やら納品に行くわけで。きつかったなぁ。

けど、それでわりと得したんちゃうかな。二〇代の前半やったからね。なんかいろんなコトをそのときに吸収したんやろうね。

で、先輩のスタッフたちがぽろぽろ辞めていったりもしたんで、なんでもかんでも「ヒデオ、お前やっとけ」とか言われるようになった。

一度もやったことないのに。

そのひとつが、ファッションショーの進行の役目やった。

演出家デビュー？

「進行」は、ファッションショーで、舞台の裏から、台本に合わせてモデルを出したり、引っ込めたりする仕事。いろんなトラブルが起こってねぇ。大きなショーでインカム（耳に当てる無線）が突然聞こえなくなったときがあった。先生の「キュー」が聞こえなくなった。今みたいなクオリティの高いインカムじゃないから。

上手《かみて》・下手《しもて》に離れている進行が、本番中に、身振り手振りで「インカム聞こえてへんやん」「どうする？・」ってことに。客席後方のミキサーの辺りにいる先生に聞きに行くこともできない。しかたないから、俺らで「適当に出そう」という合図をする。俺は下手の進行で、もう一人は俺より年上やし上手の進行やってたんやけど、勝手にするタイプちゃうし、しゃあないやん。ジェスチャーで「僕が合図を出すから、兄さんも合わせてください」って伝えた。先輩より出しゃばってるような感じやけど、しゃあない。出さへんかったら穴あくでしょ。そしたら最後にきっと、先生にもっと怒られるもん。

台本を見て、リハでやったことを思い出して、そのタイミングでええ加減に出してたね。

「さあ行こ！　だいじょうぶ!!」って。

そりゃあもう、先生怒った。途中で先生からのメッセンジャーが飛んで来て、「インカム無理やから、袖から俺の合図を見ろ」って言われた。けど、遠いし暗いし見えない。

先生の合図もなにも見えっこない。

結局、適当にやった。それに、進行が舞台袖で「どうしよう」と動揺してたら、モデルにもその不安げなノリが伝染する。そやから「ええ表情つくっていこ！」とパーンと言って送り出していた。

でも、なんでそんなことができたかと言うと、あとで先生とアジャストできる自信があったから。将棋を指したり、ビリヤードをしたりしてね、「すいませんでした」と謝る。なんとか断絶のままにはならへんっていう自信があったから。それはめちゃくちゃあったなぁ。

ボツ企画「Hi-DEO BALL」

会社に入って一年もしないうちに、ホテルの子供夏祭りの企画をぜんぶ任されたりした。大人も子どもも楽しめる夏の子供祭りというものを。

そのとき会社が忙しくてね。「そんなん俺ら担当してられへん」「ネタも全部お前が提案してやれ」って言われた。

やったよ。

「Dr.スランプ」とか「ヒーローが泣く時」とか「ヒデオボール」っていうのも。

まあ、「ヒデオボール」は企画通らへんかったけどね。二メートルくらいのでかいボール押して行くの、あるやろ。そのときは俺そんなん知らんかったから、俺が考え出したと思ってた。


「ヒデオボール」のヒデオもカタカナちゃうで。「Hi-DEO BALL」。スポンサー向けの企画書では「ハイデオボール」と読ませてね。

先生らは「あ、ヒデオや」ってわかってた。けど、向こうのクライアントはわからない。普段は「井上さん」「井上くん」と言ってるからね。下の名前がヒデオなんて知らない。いまも先生は、昔話になるといつも、「ヒデオボールってお前、あれはまいったのぅ」と言わはる。

俺、こういう遊びが好きやった。HIDEO INOUEを逆さまにして「オエディッヒ・ノイウエ（OEDIH NOIUE）」とか。なんかドイツっぽいやろ。オーストリアっぽいというか。

ファッションショーに、二枚目のナイト（騎士）役で出たこともある。

先生が演出していたウエディングドレスのショーの最後に、中世の騎士みたいな格好をして。お姫様をエスコートする騎士の役。そのワンシーンだけに男のモデルを呼ぶのももったいないからね。「最後のほうやし、お前（進行の役目）終わってるやろ」と言われた。ショーが始まる前にメイクをしてもらって進行してたな。「男の服なんか着るだけやんか」「化粧で顔あんまり見えへんしお前やっとけ」って。

ほんま、むちゃくちゃやったなあ。

モデル八人、先生、スタイリスト、照明、音響、舞台監督、進行とかだいたい二〇人くらいでキャラバンするときもあるんです。北陸の町を四カ所くらい回ったこともあった。機材やら積んでね。

楽しかったな。

できるだけ人員を減らして行きたいから、みんなで協力して何でもする。たとえば、当時のごっつい機材なんかも自分たちで運んだ。ほんま重量運搬みたいな感じやった。モデルさん以外は全部みんなで同じことをした。それぞれの仕事のフィールドをなくして働くとき、楽しいで、あれ。

喧嘩もある。モデルさんたち、仲悪くなったりしはるんですよ。恐いですよ、女の人。「なんで私の部屋が窓際じゃないの？」とかね。恐い。

なあぁ。ワワワ、ラブソングやろ。

ビル工事もやりました

「多様なクリエイターが集う大きな空間を俺たちでつくろう」

ある日、先生が言ったわけよ。一〇〇坪くらいの古い三階建てのビルを借りて、内装を全部自分たちでやろう、とね。一階はライブも芝居もパーティもギャラリーもなんでもできるフリースペース、二階、三階に当時勢いのあったクリエイティブ系のオフィスがいくつも入って、ビリヤード台もピアノもあるサロンのような共有スペースもある。そんなビルにしよう、全部自分らで直そう、と言わはった。

なぁ……。

俺、もう一回、水道屋や。毎日、大工であり解体屋でありペンキ屋よ。みんなでやろう、言うても、ほとんどやるの俺やん。ちょっと前まで、ファッションショーでキューを出して「ええ表情つくろう」とモデルに言ったり、ナイト役をやってたのに。

大工仕事も、難しい仕事は別やけど、床にタイルを貼ったり、ペンキで壁を塗ったり。

俺、半年くらいはずっと毎日毎日その仕事をやっていた。広告やデザインは一切なし。「ショーなんかの仕事やってた俺はなんやったん⁉」「ちょっとずつスキルを高めようとしてやっていた俺は……」

一日中またドロドロやで。ペンキやら何やらで。

チョットかわいそうやろ。

一〇〇坪の三階建てって、けっこうデカイよ。壁一個塗るだけでもたいへん。先生は、仕事終わってから晩にドロドロになって一緒にやっていた。あときれいな姉貴分とスタッフの女性が手伝うんやけど、基本的には俺がメインでやっていた。他の人たちは、手伝うときも、クリエイティブの仕事が終わってから。まぁ、わりと器用やから俺はシュシュっとできてしまうからね。それでよかったんやけど。

そのビルをオープンする前の日かな。先生が百貨店に連れて行ってくれた。河原町のBAL。

「お前、上から下まで服買うたるさかいに、どんなんでもええから好きなの買え。明日レセプションやし、ええ格好《こ》でいろ」

もう、ほんまに涙が出てなぁ。散髪代もくれはった。

けど、そんなん、ほんまは泣くべきところじゃない。俺が感謝すべきことやないと思う。結局その間は、クリエイティブ関係の仕事もまったくやれてないわけで。服買ってもらって、感謝してたらあかん。それでも先生についていったからこんな経験ができたと思うとたまらんかった。

レセプションのとき、いろんな人に、「お前ようがんばったなぁ」「普通やったら怒るやろぉ」と言われた。「いつ来ても塗ったり貼ったりしてたもんなぁ」って。

服買ってもらって、泣いていた。

シェフ・イノウエ

新しくなったビルの一階が八〇坪くらいあってライブやギャラリーができるスペースになっていてね。

世界的に有名な人が来る場合もあるし、わりと芸術性の高いパフォーマンスも多かった。そういう人たちが出入りする場所でした。

そのうちに、「お前が仕切れ」って言われた。それで一階をぜんぶ任された。で、何をやったか？

たくさん協力してくれる人がいてイベントの仕込みやらをしていたけど、高い売上の上がるパーティを受けたときは料理もつくった。

七〇〜八〇人分のパーティの料理をね。八〇人前の唐揚げを揚げたり、パスタを姉貴分の人と一緒につくったり。でっかいフライパンを、振りまわしていた。

な、おかしいやろ？

この前まで爪まっ黒にして工事してたやつが、今度は重いフライパン持って大汗かいてるわけよ。

「次はシェフか？」って感じでしょ。

ほんま、全然クリエイティブ系の仕事やないもんな。

そのうち、会社側も売上の管理が面倒になって、「とりあえずお前、月なんぼでやれ」と言われた。店の家賃を、月なんぼで固定して、毎月会社に入れるように、と。きついよー。一〇〇万円よ、毎月。

過去何カ月か店を管理した経験でこんな計算をした。パーティを五回したら五〇万くらいの利益、あとライブを五回したら残り二〇万円になるから、一日二万円くらいでOKかなと。ライブをすると、ハコが大きいから、一気に売上がポーンって上がる。だから採算は取れると思った。けどね、落とし穴があったんや。

電気代が高かった。

夏は、四〇~五〇万くらいした。それでもうむちゃくちゃになるんですよ。営業時間も早朝五時までにした。店の前にタクシーの運転手さんが休憩で停まるでしょ。うまいラーメン出したら絶対みんな来ると思ってね。第一旭本店のお持ち帰りのラーメンを買って、それを中で調理して、「特製チャーシューメン」として出した。そしたら、「うまいうまい」と言わはる。

でも全然儲からないやんか。

買ってんねんもん。

五〇〇円くらいで持ち帰りのラーメンを買って、「特製チャーシューメン」を七〇〇円で売ってたと思うんやけど、二〇〇円しか儲からない。飲食店にしては、全然儲からない。

賑わいをつくることで相乗効果を期待するというアレをしようとしてたんかなあ。でもあかんやろ。

「おたく何やってんの？」と言われ……

〈アルファベットアベニュー〉という酒場が先斗町《ぽんと》にありますが、そこのマスターにも当時手伝ってもらっていた。

パーティやライブや、アート系のパフォーマンスをしょっちゅうやっていると、俺も感化されていった。

名前も変わった。

ある日いきなり、「イノウエ画伯」と言ってたな。皮肉や。

プロフィールにある「画家、踊り子」は、そのときになったんです。自分の店で。お金がないし、画用紙やらキャンバスにガーっと描いて、無理くり知り合いや来たお客さんに買ってもらってました。高い値段ちゃうで。一〇〇〇円、三〇〇〇円とか。

そうでもせんと、お金ないもん。

もともと、広告の仕事でちょこっとラフを描いたりしてた程度の人間が、突然「画家」。ピンクのサメとかよく描いてたなぁ。市立美術館のアンデパンダン展にも出してた。

調子乗ってましたね。

まぁ、売るっていうよりは、「イヤミな画伯」って感じやね。イヤミな画家。

店でバーっと踊ったり、飲んだりしてると、人によく訊ねられました。

「おたく何やってんの?」

そのたび、こう答えてましたよ。

「おれ、画家」

……かわいそうやろ。水道屋を辞めて、電話して納品係で無理くり入って、ファッションショーして、風船とったりして、今度は大工仕事やれって言われて半年くらいずっとやって、服買ってもろて、しばらくしたらフライパンをガーっと振って。

……。

そりゃあ、画家になるやろ。

いやほんま。そりゃなるでしょ。

その画家時代に、店で踊ってる記事が、『ぴあ』に載ってたと思います。

「スカートをはいて踊るイノウエ画伯」って。

でもそれは間違いで、本当はスカートやなくてワンピースなんです。

あの頃俺は「ワンピースほど合理的な服はない」って、よく言っていた。

うん。

「ワンピースは合理的や」って。高田賢三のワンピース。綺麗な色のね。そのワンピースの上に、ジャケットを裏返しにして、インナー全部ちぎって、それを着てた。かっこええやろ。ほんで帽子ピシッとかぶって。あー。

4

ひとり電通～「アップル以外の仕事はしません」

画家、踊り子を経て、行きがかりじょう、二〇代前半で独立することに。そこでめざした計画はワールドクラスのものだった。

「ひとり電通」

そんなことやってると、アートやらに詳しい街の先輩なんかと飲む機会も増えた。ある人が、「アメリカでは、広告会社はアートディレクターとコピーライターが二人で始めるもんなんや」と言った。それを聞いて、その関係の本を探して何冊か読んだ。

先輩がアメリカの広告会社のドキュメンタリーみたいなものをくれたんですよ。「お前これ読め」って。

アメリカの広告代理店の、始まりから今に至るまでのことが書いてあった。それがかっこよくてね。

DDBっていう会社。ドイル・ディーン・バーンバックという出発時のメンバーの名前からとって社名になってるんですよ。

フォルクスワーゲンのキャンペーンやレンタカーのエイビスの「No.2主義宣言」とか

を手がけた会社です。エイビスはハーツっていうところに次いで二番だった。二番だからこそ一番になるために良いサービスをする。そういうキャンペーンをした。結果、一位と二位がぎゅっと縮まった。

　そんな広告代理店ストーリーがたくさん書かれていて、しびれてね。


「うわー、これはかっこええ！」「こういう広告会社を創りたい」

　もう画家、踊り子はやめよう、と思った。

　それが二三歳か二四歳。ちなみに、その後、店のほうは俺の代わりに誰かが引き継いで、そのうちにもうほぼ毎日パンクのライブハウスみたいなことになっていった。頭グワーってパンクスになった奴が毎日グッシャーと。革にギラギラしたジャケット着て。近所の人たち、よく怒ってたよ。俺はもうそのときは、上のフロアの一室を借りて下の光景をひとごとのように見てた。

　そこで始めたんですよ。

「ひとり電通」。まぁ、ひとりと言ってもほんまは、アートディレクター役とコピーライター役の二人なんやけどね。

「ひとり電通」を始める前の店をやってたときに、『ホットドッグ・プレス』が取材に来た。取材の流れで、「他にどこに行かはるんですか?」って訊いた。そしたら、もっさい店ばっかり。

「俺が案内してあげますよ」

それから『ホットドッグ・プレス』と付き合いが始まった。その頃は、京都に来るたび、俺に連絡してきて、「次にどこ行ったらええと思う?」と訊かれた。そのうち、「その店がどんな感じか、とりあえずメモをFAXで送って」って言われるようになった。それで送ったメモが、「オモロイ」って言わはるんですよ。そしたら、「書くのも君がやってくれ」っていう話になっていった。

けどね、「俺はそんなんじゃない」と断った。基本的には、憧れのアメリカの広告代理店や日本のDDBみたいなサン・アドや電通を目指してるからね。だから、「店のこと書いてる場合じゃない」と言っていました。その時の『ホットドック・プレス』の編集者とは今もええ付き合いしてるけど。

「俺は日産やソニー、アップル・コンピュータの仕事をするんだ」

「趣味で案内はするけど、そんなんじゃない」

そう言ってたね。当時、アップルが日本に入ってきたばかりのときやったと思う。

アップルに乗り込んだ

で、アップルに行った。

京都から新幹線に乗って東京のアップルまで行きました。

某大手広告代理店の先輩の紹介で、広告出稿の担当者に電話でアポをとってもらった。

そのとき聞いた名前が、「なんかカタカナっぽいなぁ」とは思っていた。

けど、まさかねぇ……。

ガイジンの女の人が出てきはった。

俺は、ガイジンなんて思わへんから、先輩に「とりあえずスミスさん訪ねてな」って言われたときも、「隅須」とかそんな漢字やと思ってしまっていた。日本人やと思い込んでたから。ほんで行ったら、ガイジンの、背が高くて白い女の人が出てきた。

日本語もたっしゃでね。

「紹介してもらって来たんですけど……」

「実は僕、京都でこんな事務所を立ち上げまして……」って言うものの、先方は「それで何？」「私にどうしろっていうの？」っていう感じ。

「広告をつくらせてほしいんですけど」と言ったら、相手は「へぇえ!?」って目を丸くした。今から思えば実際、「へぇえ!?」って感じやろうね。スーツも着てないしね。半年ペンキ塗った最後の日に買ってもらった、ちょっと派手なスペンサージャケットみたいなのを着てた。それしかないから。

そんなん二三、四歳ですよ。しかも、京都の変な男やで。

「それでこれまでの作品は?」と訊かれたけど、そんなん、ない。

あの当時はワープロで、「三つの実力」とかなんだか書いて事務所の考え方などを伝えるための書類を渡してた。「三つのB」とか言うて、BeginとかBeautifulとかBomberとかいろいろ書いて。

企画書つくるのは、得意やった。得意というか、企画書を書くくらいしか仕事ないしね。誰も仕事を頼まへんしな。

ソニーも、日産も行きました。でもまったく無理でした。

反応も、「で、何です?」「ほんと勘弁してくれよ。忙しいんだからさぁ」みたいな感じ。でもそのとき俺らはそういうところしか仕事しないって決めてたからね。

結局、初仕事は……

街の先輩が遊びに来たとき、「最近お前何してるんや？」と訊くから、「いやー、がんばって営業してるんですけど、全然仕事ないんですよ」と答えた。そしたら、「お前はアホか！」と怒られた。

「お前はええけど、もう一人のコイツはどうするんや？」

その先輩は、ラブホテルをやってたんです。お父さんから引き継いで。ＳＬのベンツに乗って、かっこいいんです。その、不良で男くさい先輩が言いました。

「俺のところの飲食のメニューをすぐにつくれ」

そう言われても、最初に目指してたのとちゃうでしょ。だから、「いや、僕のとこでは先輩とこの仕事無理ですわ、上場企業ちゃうし」「いや、ほんま無理なんですよ」と返事した。

「なんでやねん！」と言うから、「ソニーとか相手にやるんですよ」って答えたら、本気でムチャクチャ怒らはってね。「ええ加減にしなシバクド!!」

「安いけど、ギャラは出すって言うてるやんけ！」って。

結局、俺たちの一発目の仕事は「ラブホのメニュー」になりました。

それをやってしまったら、今度はその矛盾を肯定する動きに出る。

「俺らは、普通のラブホテルでも、新しいプレゼン、まったく違う演出と広告によって、新しい客層の獲得を目指す二十一世紀型のラブホだ」と、先輩に企画書を持って行って居酒屋でガーっとしゃべりまくった。

「このラブホテルのアプローチは、どこにもないラブホや！」とか言って。そうやないと辻褄《つじつま》が合わない。アップル云々言うてたのが、実際はラブホテルですから。

よく飲みに行って言うてたんですよ。「俺はサントリーの広告をつくることを目指してるんや」、とかね。

だから、ラブホテルの広告でも、俺のところがやったら世界的に優れた広告になる。そう言うしかないよな。正味そう思ってました。

実際、そこのホテルでも、「全部部屋の写真もコンセプトに合わせてイチから撮り直そう」と提案した。先輩も気を良くしてたからね。「ええよー」って。先輩もいうたら素人ですから。「そりゃ、こっちのほうがかっこいいでしょ！」って朝から晩までずっと言うてたら、「おお、そうやなぁ」となりますよ。

マッキントッシュをいち早く触った男

その頃、以前会ったスミスさんというアップルの人から電話がかかってきた。

「京都にうちの機械を積極的に売ろうとしている店ができたので、そこを紹介します」

「そこのPRで何かできることないか、あなたたちは訊いてみたらいかがですか？」

それで行きました。そこは、アップルⅡやマッキントッシュを売ろうとしてるコンピューター屋さんだった。エンドユーザーでも入れるようなスペースもあって。そのときに、初めて縦型のマッキントッシュを見た。モノクロの、マッキントッシュの初代か二代目。

びっくりしたよ。

マウス、カーソル。すさまじい衝撃。絵を描いたり、今のイラストレーターみたいなソフトが入ってたり。そのときのパソコンはまだ、白黒のワープロみたいなもんで、表計算とかそんなんばっかりやってる時代ですからね。

あのときそっちのほうにガーって行ってたら……今頃、なぁ。すごいことなってたんちゃう？　日本中見回しても、マッキントッシュ触ったの、めちゃくちゃ早かったよ。

でも、結局その店のPRには興味なくてね。やっぱりチマチマしてるやん。いうたら、販売店であって、アップルじゃないし。

その当時、東京の大きい会社に行くと、びびってました。京都の田舎から東京に行って、ステンレスやガラスのエレベーターで高層のビルを上がったり、そこらじゅうにセキュリティーの鍵があるビルやったり。びっくりしてた。地元の販売店とは天と地の差。

ワンピースを着た面接官

そういえば、「ひとり電通」をやる前に、画家の傍《かたわ》ら、俺も、一人でやってた事務所があるんです。

画家になり、その画家として始めた事務所「オフィス・スタンツ」。一階で店をやりながら、上で一人事務所もやってたんです。

一階でパーティをするときも、俺が打ち合わせするわけで、「パーティのメインの見付けのところにパイナップル一〇個くらい積み上げて、そのパイナップルに細工したりしたらかっこいいんちゃいますか」って提案したりね。

「なんぼなん？」「一万円くらいあったら十分ちゃいますか」。そんなふうにね。

パイナップルの表面のボコボコに合わせて、交互にくり抜くんです。綺麗なんや、これ。それを飾ってね。中はくり抜いて食べる。

あとはパーティのときに、後ろの壁に白い布を張って、パーティや催しに合った絵をガーって描いて、タペストリーみたいなもんにすると、パーティの雰囲気が変わる。生地《きじ》にパーティのタイトルを書いたりしたら雰囲気がよくなる。費用は生地代くらいで、絵の具も要らんしね。その日だけしか使わないんで、ベチャベチャになる水性のペンキみたいなので十分。

好評で、よく頼まれました。でも一人でやったらしんどいし、それで一緒にやる奴を募集したんです。

下の店で募集の貼り紙を出してたら、何人か面接に来た。下ではライブやらパーティがあるからヘンな奴が見よる。けど、真にヘンなのは来る奴よりも面接官の俺やった。靴を脱いで入る事務所だったんですが入ってくるなり、「床にペタっと座って、前屈《まえかが》みになって」と指示を出す。

そうして前屈みになった男の尻に、鏡餅《かがみもち》を置いた。

その写真を俺が撮る。高田賢三のワンピースを着た俺が。

ワンピース着て、革のくちゃくちゃなジャケット着た男に、「しゃがんでくれ」って言われて、尻に鏡餅載せられて、真剣に写真撮られて……。

「よう飛びかかって来《き》よらへんかったな」って周りの奴は言うてた。

「『ええ加減にしてください！』って言うて飛びかかって来よるんちゃうけ？」って。

もうあかんやろ。こんな事務所。いろいろ仕事の依頼はあったけどな……。

でも、下の店のことを担当するのやめたら、自動的に引き合いもなくなるしね。仕事をアプローチする場所がなくなった。その鏡餅の奴はしばらく手伝ってましたけど。

5

〝ひとり電通〟の終わり

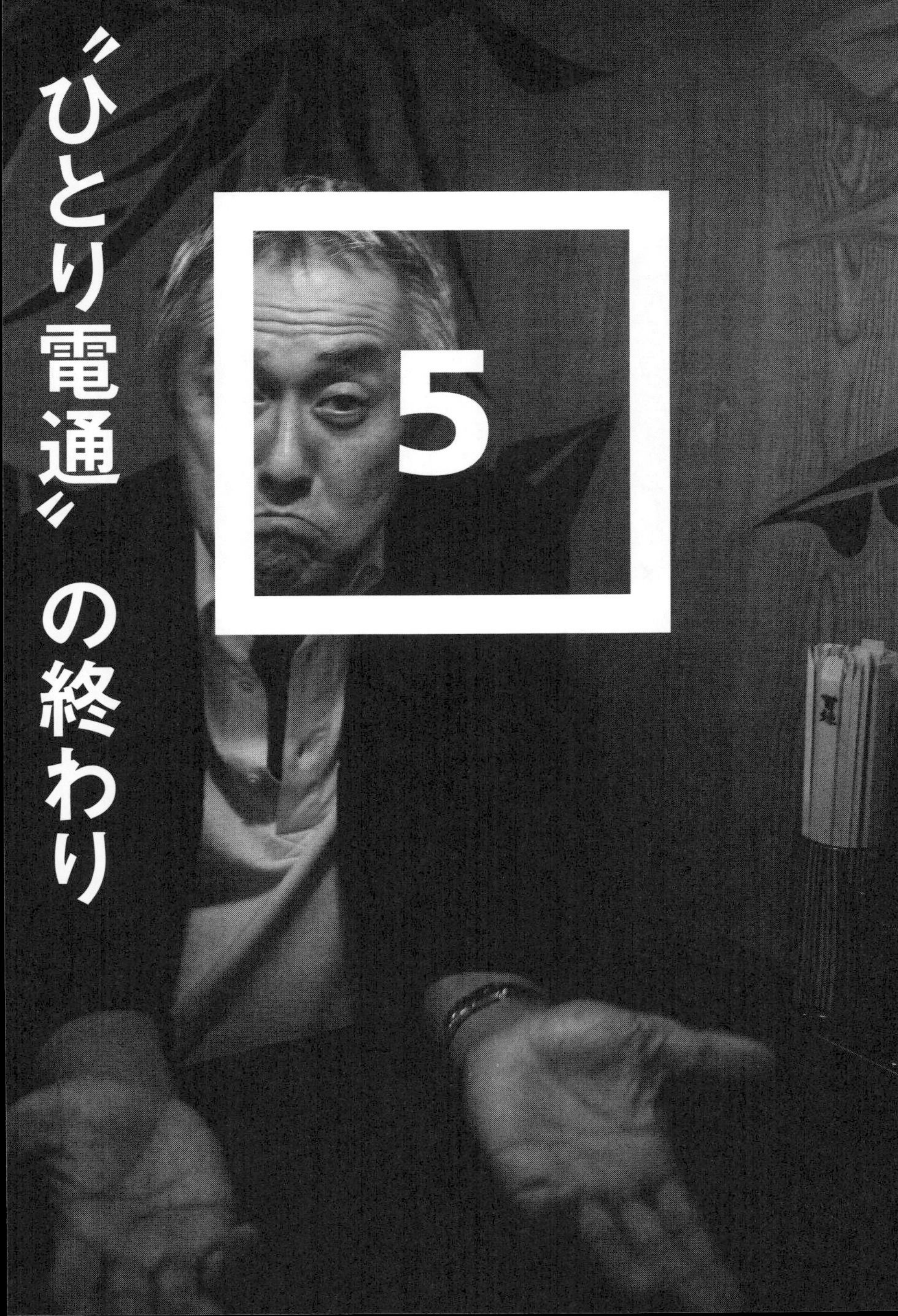

「ひとり電通」として、井上は次から次へと、新たな企画を街へくりだしていく。だが、思わぬ落とし穴が彼を待ち受けているのだった。

車掌でした。

ひとり電通を始めてからのことねぇ……。

そうやなぁ。俺、車掌してたことある。

ミニコミ誌みたいなのをつくったんです。本屋だけでなく、いろんなところに置いてもらうような街の媒体。

ひとり電通を始めて間もない頃、名刺交換をしたくても面白そうな人とはなかなかできなくてね。その名刺交換に代わる術《すべ》をつくろうと思ったんです。街の雑誌をつくってそれをいろんなところに置いてもらえば一石二鳥と考えた。クライアントには、その街の雑誌がいろんなところに置かれると、広告の媒体として成立しますよ、というようなことを言った。そんなん、ほんまは成立しないよ。

で、言うたからには、「どこそこの店にありますから、そこでこんな人にこんなふうに読まれますから、広告としての価値がこれだけあります」と、実際にいろんな喫茶店や飲み屋や服屋や美容院に「置いてください」とお願いしに回らなあかんわな。……費用も掛けられへんかったから、自分らで回ることになる。

そのとき、お店の人とやり取りが生じるよね。

それって、ひとつの情報の「鉄道」やと俺は考えたんやね。


で、「ささやき鉄道」と名づけた。


企画書も書きましたよ。京都市内の五〇〇軒のお店をこの鉄道は回っています、と。ほんまは、本を置きに行ってるだけなんやけど。その企画書には、「そのささやきこそメディアである！」と一〇ページくらい書いた。本を置きに回っています、とは書いてないわけや。ね。

「その各店のキーマン（表現は当時のまま）としゃべっていることこそメディアである」「このメディアは、何がどう届いたかという弾着の確認はできないが、情報を伝えるだけではなく乗せて帰ることもできる」とか、意味不明の賢い企画書を書いて、電通やら博報堂の知ってる人に言いに行った。けっこう、おもしろがってくれたよ。地元の代理店はあんまりわかってくれなかったけど。

「で、なんですか？」

「いや、ですから、ウィスパー・レイルウェイです」

「……な、なんですか？」

そんなやり取りしたな。


それでも、一流の企業から大手広告代理店を通してお金をもらったことは何回もある。それなりのお金もらったなぁ。

最初は、「キミらが言う『ささやき』に対してだけでは、お金は出せない……」と言われた。そらそうやんなぁ。俺らスーツも着てない変な格好した奴らやで。ちょっと前まで、ワンピースとか着とったようなな。そのときは、ちょっとだけ普通の格好してたけど。そら、いきなりスーツ姿にはなれへんから。

けど、なんか面白がってくれた。バブルが始まりかけてたんやろうね。で、「その代わり、店に証拠としてこれを置いて回ってほしい」と、ソニーの新しい製品のパンフレットを持たされたりした。自動車関係の会社は、毎月、依頼してくれたなぁ。ささやきだけで毎月一五万円くらいもらったかな。

企画当初、運ぶだけやったら、「配達屋やん」と思った。じゃあ、俺らは何が違うかを考えた。その店の人とやり取りをする、しかも、そのへんの高校生がやるんじゃない。俺たちが自分らでやる。企画書を書いてるうちにだんだん膨らんでいってね。「見えない情報のやり取りこそ価値がある」……云々と。要するに、宣伝会議的カタカナワード満載の企画書です。「多様性の時代!」とか、流行語をいっぱい出してね。

本をもって回るのって、電車と同じで、情報という荷物があればあるほど儲かるわけ。一〇〇人乗ってても五〇〇人乗っててもコストは一緒やしな。だから、ソニーとか車の会社の情報とかいっぱい持っていろいろしゃべった。新しい店ができたらそこにも置いてもらってしゃべった。ささやき鉄道に乗せたら街の店なんかほんまに一瞬で流行ったなぁ。しぼむのも一瞬やったけど。

ささやき鉄道。

俺はその車掌でした。

『SUVICO BOOK』

そうこうしているうちに、クライアントから、「置いている店はどんな店なのかわかるようにしてほしい」といわれた。「稟議書《りんぎ》を作らなあかんから」というようなことで。

そしたら、どうせ店を回ってるのだから、一軒ずつ店の写真を撮っていって、そのついでに「お店を本に載せるし、五〇〇〇円ください」と言ってみた。

「『京都の素敵なお店』っていう本をつくりますから、五〇〇〇円ください」

「写真撮って本に載せて、僕ら今までどおり毎月来ますから」

その当時ね、どの店もほぼ間違いなく五〇〇〇円払ってくれた。

写真といっても、俺らが撮る。ややピンボケの「ハー？　何コレ？」みたいな写真。ほんま。あったら見せたいわー。強烈やで。観念的で、店なのかどうかもわからへんとこもあるし。コースターだけのアップの写真とか。

文章も全部俺らが適当に書いたんちゃうかなぁ。全部同じマス割り。一ページが六分割されてて、同じフォームで載せた。地図がむずかしくてね。全部、俺がロットリングで手で描いた。

けったいやったなぁ。それでも完成した。五〇〇軒くらい載ってた。

その本、本屋で売れてね。

売れたといっても、しれてるけど、五〇〇〇部は楽勝でいったかなぁ。……変やん。そんな本あんまりなかったしな。

名前は、『SUVICO BOOK』。そのとき、俺、おかしかったんやな。Super なんちゃらとか、頭文字とってそんな名前つけた。でも、売れて四回くらい増刷した。

うーん、でも、そっから次に進まへんかったなぁ。

破綻

一流の企業しか相手にしない。そういうふうにスタートしたのに、ささやき鉄道や『SUVICO BOOK』や、酒場取材や……完全に、一流企業相手の仕事とは逆方向やんか。

行きがかりじょう、なぁ。

ささやき鉄道もしたけど、そんなんね、はじめ僕らが目指したＤＤＢのようなアメリカの広告代理店ふうの光景とは全然違うでしょ。実際やったことって、リクルートっぽいタイプの仕事やん。

その頃、バブルの流れで、広告制作の単価がどんどん上がっていくんですね。で、僕らもそっちに行こうとする。一ページ一〇万円とか二〇万円もらえた。

けど、制作の単価が上がろうが、基本的にマネージメントができないわけよ。

どうしてかと言えば、自分のギャラや付加価値についての見積もりを自分で出さなあかんから。それは、とてもむずかしいことなんです。

たとえば、プランニングの料金を一〇〇万円で引き受けたいときに、「いや、うちは一〇〇万円が最低ですから」と言うのはむずかしいよねぇ。他者がそこに介入しないと。「あの人に頼むんやったら、一〇〇万円要ります」っていうふうに言ってもらわないと。けど、他者に口利きしてもらおうとすれば、結局代理店に頼まざるをえない。

ややこしくなるよね。だって俺らが、〃アメリカの代理店〃を目指しているんやもん。自分たちが〃ひとり電通〃として代理店になろうとしてるのに、ほんまの代理店に入ってもらわないと仕事ができないし、ギャラも上がらない。……辻褄が合わないよね。

やっぱり、ひとり電通に無理があったんやな。

破綻や。

「ささやき鉄道」という、かっこええ分厚い企画書をつくったのに、ショップを無理くり集めた本をつくることになり、店回りに忙しくなって……。もう、全然辻褄が合わない。企画書では、毎月そこのお店に行くことになってんねんけど……だんだん行かんようになった。

それでも時代は成長期なんで、仕事はどんどん頼まれる。代理店通しもあれば、直接頼まれることもあった。

けど、うーん……なんやったんやろ。結局、そういうクリエイティブなことに、夢中になりきれてなかったなぁ、たぶん。

クリエイティブなことよりも、ささやき鉄道のような仕組み的なことのほうが、気になってたんでしょうね。

ひとつの広告をつくるにあたって、資料や情報を徹底的に集めて、研究しつくし、一回できてからもう一回考えなおす……。そんなこと、全然せえへんかったなぁ。

「ここの赤はこの赤でないと!」。そういうことを言うタイプではない。たまたま出たその色で、「いいんちゃう?」って言ってましたね。で、できあがったものに、クライアントが「この色が気に入らん」と言うと、一生懸命、この色の良さを、あたかもクリエイターのように語る。ここは金赤よりも少しラークな赤でいくほうが男性からの好感度が上がりますとかなんとか言ってた。もう一回つくり直すのがかなんから。この色でいってもらうために、いろんな情報武装をして、ガーっと行く。

基本的にはクリエイターじゃないいんやろうなぁ。

それよりもどっちかというと、「この形にしたほうが、買ってもらえるんちゃうか」

とか、「いきなりイタリアの地名をどっかに入れることで、こういう層の人らが対象として増えるんちゃうやろか」とか言うほうが得意でした。

街の広告屋と景気の波

ひとり電通は、結局、アメリカのかっこいい広告代理店から、街の広告屋になってしまいました。バブルの時期でもあったんで、仕事もたくさんあった。だから、「これは自分の実力でこうなってるんや」って錯覚した人が多かったと思う。俺なんか、完全に錯覚したね。

それが、あるときパタッと仕事がなくなった。ほんで、会社を縮小せざるをえなくなった。最後は二、三人でやっていた。

最初一緒に始めた奴とは、大きくなっていく途中で別々にやるようになっていったんやけどね。多いときで一五人くらいいた。

最後に、二、三人でやっていたけど、実際は、ひとりでやってるみたいなもんになっていました。

ひとりでコピーを書き、デザインする。そういうふうになっていたとき、腰を痛めてしまった。二週間くらい動けなくなった。けど、二週間休むと仕事ができない。自分がメインで、他の人にはアシスタント的にやってもらっていたからね。俺がそうなると、事務所が機能しなくなった。

そのとき、その仕事にクエスチョンが浮かんだわけです。

第三夜

俺の親父は歌手だった。昭和三〇年代、四〇年代に京都や地方のナイトクラブでバンドを率いて歌っていた。石原裕次郎や小林旭の日活映画などに出てくるような昭和のナイトクラブでハワイアンやスタンダードなナンバーを歌っていた。今もハワイアンバーをやって、毎晩飲みながら歌っている。さすがにうまい。その歌のプロな親父が、お前の歌は下手くそやけど害にはならへんと言ってくれた時は跳び上がりたくなるほどうれしかった。わずか半年前のことだ。なぜ親父がそんなことを言ったか俺はよくわかる。一年くらい前から歌を歌うことに対してまるでチカラが入らなくなったからだ。ただただ好きな歌を、いとおしく歌えるようになったからだと思う。俺は大人になったのだ。

二〇〇五年

6

37歳、漬物屋への転身

憧れたクリエイティブな仕事にそれほど熱くなれない。思わぬ落とし穴を知った井上が、起死回生で選んだ道。それが……（にしても、なんで？）。

漬物屋への序章――マンションから平屋へ

実家を出てからは、ずっとマンションばっかりで暮らしていたんです。けど、「マンションはもうええわ」と思いだしてね。

そのときのシティマンション生活のイメージって、地下に車を置いて、エレベーターで上がって、シャワーして、ガラスのテーブルに車の鍵をジャランと置いたり、ジントニックをシュッと飲んだり、黒のバスローブを羽織ったり……なんかそんなんでしょ。実際は全然違うけど、「そんな〝感じ〟はもうええわ」と思った。うっとうしいと思った。

まぁ、わりとハンサムやったからね。

そうなるような感じがしたんやろな。チョット気色悪い感じ。でもそういうふうに外から見えるようにしてた部分も意図的にあったと思う。

ほら、ヒダヒダだけで成り立ってるから、俺。

ともかく、マンションってなんかつまらないと思った。

そのときは、「町家ブーム」の気配もない頃やったけど、平屋の借家がええかなぁと思った。そしたら、錦（市場）の中に、「二年間くらいやったら住んでもええよ」という物件があった。

俺、昔、生まれたんが錦やったから。ちょうど、錦の高倉の辺。大丸の北側の、錦の入口の辺が家やったんで、懐かしい感じもあってそこに決めた。

細長いウナギの寝床みたいなところで、見た瞬間から、「うわー、かっこええ」と思ったよ。いや、ほんま。

そこで住もうと思ったんですけど、商店街の中だし、「なんかしなあかんわ」とも思ったわけ。

それで、「漬物屋をしよう」と思った。

それはそんなもんちゃう？

たとえば、フリーランスになって、なんかしなあかんときに、周りにシュークリーム屋やパン屋が何人かいたら、「ほな俺もパン屋しようか」って思うやろ。そうやで。

「なんで漬物屋をしはったんですか？」

よく訊かれるんですけど、それはたぶん、俺が漬物屋っぽい顔をしてないからやと思う。

ラーメン屋やりよった奴に「なんでラーメン屋をしたんですか？」、焼肉屋に「なんで焼肉屋をしたんですか？」、そんな質問するの聞いたことないけどな。俺だけなんで理由訊かれなあかんねん。

「家業が漬物屋で、実家に帰ったん？」と訊かれることもある。でも、瓦屋やってる人に「なんで瓦屋やったんですか？」って訊かへんやろ。よく行く定食屋のおっさんに「ところであなたはなんで定食屋を始めたんですか？」って訊かへんよな？　なんで俺にだけ訊くんや。

あー。


漬物屋を始めたけれど……

そこに住むっていうのが前提。で、住んだら何かしよう、という流れなので、住もうと思った段階から試行錯誤がガーっと始まってる。

そんな市場の中の古い町家に住むと、生活が一変するんですよ。今までのマンション暮らしと全然違った。風呂はあったけど古い風呂やし、一人で入るのはもったいないから近くの銭湯に行く。朝早く市場に野菜を買いに行く。そういう生活になりました。その頃はまだ一人暮らし。錦にいるとね、とりあえずご飯だけ炊いたらオッケー。隣の魚屋に塩鯖《しおさば》を焼いたうまいのがあったり、他にもいろいろあったりして。白ご飯だけあったらゴキゲンやったねぇ。

半年くらい先に借りるということだったので、半年あれば何か始められると思ってました。

はじめは、極端に言えば、俺の周りにおいしいコロッケ屋さんや、鯖鮨《さばずし》屋さんや、金《こん》平糖《ぺいとう》屋さんがあれば、その金平糖を分けてもらって売る、という発想しかなかった。それが漬物屋を始める取っ掛かりです。

お漬物屋さんの知り合いに、相談に行くと、「むずかしいんちゃう」って言われました。「まぁそやけど、うーん、なんか、でもなぁ……」と思ってね。それでいろんな人に会いに行ったり、調べたりしてるうちに、さらに興味が湧いてきてね。実際に、つくり方とか、野菜の見方とか、いろんなことを教えてくださることもあって。漬け方、塩の加減、工夫の仕方……いろいろ教えてもらいに通っているうちに、だんだん面白くなってきた。

錦に住むようになって、広告会社はやめた。店を開く準備をしているときはまだ仕事してたけどね。収入がまったくなくなるから。

店をいよいよ始める一カ月前に、レギュラーで頼まれていた広告の仕事を断りに行った。『ミーツ・リージョナル』だけは、「表紙はお前続けろや！」「コラムもやめんなよ」とでかい声の江《こう》弘毅（『ミーツ』編集長・当時）に言われて、書き続けましたが。

広告屋と漬物屋。根っこは一緒。

一九九六年十二月十日、「錦・高倉屋」開店初日のことは覚えてるよ。覚えてる覚えてる。でも初日はすぐに終わったなぁ。

オープンの仕方は……まぁシャッターを開けたらオープンやな。一〇時くらい。「新装開店」みたいな看板は置かなかったね。

はじめた当初にお店があった場所は、今、店があるところ（錦小路通寺町西入）とは違います。もうちょっと錦の真ん中の辺りでね。

最初に扱ってた漬物は、ほんまにごく少ない種類やったな。自分でつくったのは五種類くらいやったんちゃうかなぁ。最初につくったのは白菜と壬生菜《みぶな》と大根の浅漬やったと思う。

でも漬物つくるにしても、これがなかなかうまいこといかへんのやな。おいしいものを見つけて、売るっていうのはできたんやけど、自分でつくろうとしても、なかなか思ったとおりの味や姿にできない。オープンするときはうまいこといっていたけど、最初は味が安定しなくてね。とても複雑で難しかった。

お客さんとやり取りしたりしてるうちに教わることが多いんですよ。錦って料理屋さんとかもよう来られるんで、そういう方たちの高い要求や意見をやり取りしてるうちに学びます。で、その学んだことを実行するにはどうしたらいいんだろう、と試行錯誤をする。それをまた漬物の師匠に教えてもらいに行ったり。そんなんの繰り返しやな。

お金もなかったし、ごっつシンプルな形で始めたんですが……うまいことといかへんのよ。ほんまに……ほんまにうまいことといかへんかった。

開店当時に売ったのは、自分でつくったやつと、師匠にお願いして「こういう味でお願いします」というふうにつくってもらったやつと、純粋に仕入れた商品の三つ。

開店してからは、毎日毎日バタバタの連続でした。わからないことも多かった。

でも、一見、広告屋と漬物屋ってまったく違うように見えるけど、実はそんなに別世界でもない。扱う商品は違うけど、基本的には同じじゃと思います。

「お客さんが何を欲しているか」ということ、「俺らが何をできるのか」ということ、「価格をどう決めるか」ということ。考えることは一緒です。漬物も広告も、時間ということと直接結びついているし、どちらも刻一刻と変化する商品やしね。


話は変わるけど、しょっちゅう、シャッターの前で寝てたよ。

漬物屋してから朝が早くなったんで、ちょっと飲みに行っても寝てしまうんやろなぁ。知ってる奴らが連れ帰ってきてくれるんですが、「あとは入って寝るから大丈夫」と言ってたんやろね、たぶん。けど、そこで力尽きてしまい……。向かいの魚屋の兄ちゃんに、朝四時頃、「もうあんた起きやー」ってよく言われてた。

歳はそのとき三八歳くらいちゃうかなぁ。

7

ヘンコ・マスターになるな!

水道屋の手元、街の広告屋、そして漬物屋……数々の職を経験する中で井上は、「ゴキゲン」になるための独自の身体知を身につけていた。

早よしよ、早よしよ

五カ月半くらい、漬物の修業に行ってました。

無理くり教えてもらいに行ってるから、吸収するスピードが違う。こっちも必死やし、向こうもいつまでも付き合わされたらたまらんからね。お互いに濃厚な時間になる。

そういうとき、若い頃に経験したことが出てくる。かっこええ広告会社に勤めたときに、納品係で入ったけれど、納品に行って早《は》よ帰らないと、ほかの仕事はいつまでたっても覚えられないし、させてももらえない。だから、ゆっくり納品とかしてられない。納品ばかりしてたら仕事を覚えられないからね。だからどうやったら早く帰れるか必死で考えていた。道順や信号の変わり方まで覚えた。

そういうのを経過してるので新しい業態のものであっても、その取り組み方や触り方みたいなものが、早くできたのちゃうかな。「少しでも早よしよ、早よしよ」と思ってやってきたことが、そういうとこに出てくる。

手元をしていたことがとても大きい

水道屋で働いていたとき、職人さんの「手元」を長いことしてました。「手元」というのは、アシスタントやね。職人さんと二人一セットになって仕事をする。次に使う道具を渡したり、その他言われたことを全部やるのが仕事。次に使うだろうと思う材料に接着剤を塗ったり、必要だろうと思うテープを渡したり、脚立をトラックから取りに行って持って来る、とかね。一日中職人さんが仕事しやすいように必死で段取りをする、それが仕事でした。

いろんな職人さんの手元になったりするんで、職人さんによってやり方も違う。やる順序が違ったり、それでまた怒られる。けど、だんだんと、人が替わってもすぐにわかるようになってくる。「あ、この人はこういうタイプの人やから、こうや」と。

そのうちに、職人さんの先回りをしだす。調子に乗るわけや。次に、こうしてこうしてこうして……。ほならまた、バーンって怒られるわけや。わざといつもの順序と違うことをしたりしはんねん。

うん、調子に乗ったらあかん。

あまりキチッとしてもあかん。ときどき怒られてるくらいにしとかなあかん。そやないとかわいげがない。

俺も、アシスタントが完璧にできるような奴やったら、かなんもん。こっちがしんどい。広告やってたときも、そうやった。まぁ、実際はそんな奴おらへんかったけど。ほんまにおらんかった。そやけど、完璧にするような奴がいてたら、そらぁ、かなんで。

一番かなんのは、他人に指示を出さないといけないという状況にずーっと置かれること。それは気がしんどい。それなら、しんどくても自分でやったほうが楽。けど、それやったら一人分の仕事しかできないからね。

人に言うのがしんどいからといって自分でやるのは、冷たいことかもしれない。それに進歩しない。自分でやろうとする人が多いけど、それはなかなか良くないんだよ。

人に頼んだほうが良い。

たしかに人に頼んだほうがしんどいんやけど……なあ。

ヘンコ・マスター

なんて言うかなぁ、こだわっていいところと、こだわってはいけないところってあるしねぇ。でも意外に、こだわって良くなるところってあんまりない。こだわって良くなることは知れているような気がする。一〇点が、一二点とか一三点になるくらい。良くても二〇、三〇パーセントアップするくらい。こだわらないと、二〇点とか三〇点になるときがある。

こだわっていると、「あの人こだわってるから、もうこの話をしないことにしよう」ってなる。

俺は、そういう人たちのことを、「ヘンコのおっさん」って呼んでる。

ヘンコのおっさん、もしくは「ヘンコ・マスター」。

ヘンコ・マスターの奴は、一緒にいてても しんどいしねぇ。「バッキーさんいろんな店知ってるでしょ」って言われることが多いけど、店に対してこだわり持ってる奴と店に行くのは、かなん。しんどいんやぁ。

やっぱり、「ヘンコ・リスト」に入ったらあかん。ヘンコ・リストに入ってしまったら、あんまり要請がなくなる。だって、要請したのに、逆に怒られたり、応援に行ってぶつぶつ言われたりすると、周りもだんだん遠ざかるもん。

ヘンコ・リストに入ったらつらいな。

「次」を考える習性

水道屋の職人さんの手元でやってたときの仕事が、文章を書くにしても、広告つくるにしても、漬物屋としても、基礎になっている。

「次に、何しはるか」「次は何やったほうがええか」。手元の時はそんなことばかり一日中考えていたわけで。

それは、漬物屋でも一緒です。

お客さんが来られたら、「次は何をどうする」ということばかり考える。

たとえばお客さんが来られて、生花を持ってはったら近所の人やと思うわけ。草履《ぞうり》を履いてはったり、ネギを持ってはったりしたら「近所の方やろうな」と勝手に断定する。だからそのお客さんには、ぬか漬を買わはっても、簡単にしか包まない。包み方を変える。

遠方の方やったら、できるだけ臭いが出ないように二重三重にしたりする。けど、近所の人にそれしたら、「さっさとしいな」と思われる。

習性になってるんやなぁ。
たとえば女の人と飲みに行ってイス引いてあげたりとかするのも。習性になっている。別に気がきくとか優しいとか紳士的とかそんなんじゃない。ただ、水道屋の手元時代に、そういうことをＣＰＵに組み込まれただけと思う。

裏寺の百練でも、お客さんやスタッフが今、何をしてるのか、背中を向けててもわかる。まぁ、わざと極端に言うてるんやけど。見えてはいなくても、感じることは多いよね。

全然変な話やけど、百練の階段を上がったところに、小さな小さなバッタリ戸があるの知ってる？　押しも引きもできてパタパタとするウエスタンっぽい戸で、三〇センチほどのとても小さなもの。俺が自分で付けたんやけど、実はその戸の下に段がある。その段を感知してもらおうと思って付けた。
「段あり！」なんて張り紙、なんぼやってもあかん。段があるといっても、ほんまにわずかなものなんやけど、戸があることで、そこに意識が一瞬向く。で、段を感じる。段を感じないで階段を落ちはったらあかんと思って、それを付けた。ちょうど段の手前が階段になってるので、酔って段で蹴つまずいて階段をコロコロってなると危ないからね。今のところ、落ちはった人はいません。

その話してたら、「結界やな」とある人が言っていたけど、俺はそうじゃないと思う。結界ではない。

そのなんか、水道屋で手元してたときの習性の、その結晶みたいなもんやと思う。それがたとえば、縄のれんとかやったら余計あかん。見えなくなるしね。ほんとは、ハイテクやら使って知らせることができると思うけど、そんなんなかったからねー。そやし板の切れっ端とヒンジだけで三〇分ほどで作ったんや。

一緒に道中しなあかん

そういうことを教えようと思ったら、一緒に道中しないとあかんわ。一緒に仕事をして一緒にメシを食って道中しないと。ときどきだけでは無理。一緒にいる時間を極端に多くしないと。

まぁ実際には……俺も小言を言うおっさんみたいになっとるなぁ。ヘンコ・マスターか。裏寺の百練にしても錦・高倉屋にしてもそうなんやけど、道具って、直したり手入れしたらいつまでも使えるもの。なのに、今は一〇〇円均一で買えてしまう。たとえば、トンカチの頭が抜ける。そしたらくさびを打ったりして、直すことはできる。けど、そのくさびを買いに行ったりするよりも、一〇〇均で新しいトンカチを買ったほうが安いし簡単やん。だからそれをしてしまうわけよ。

それは俺、怒るんや。

たしかに理屈もある。くさびを買いに行ったら一〇〇円で済まないし、時間もかかる。それで、線引きをした。三カ月以上、使うことのできるようなものは、一〇〇均で買うのはやめよう、と。いくら安くてもね。

なんでかって言うと、安いのを買ったほうが得という話なんやけど、なんかねぇ。

それしてたら、アホになんのや。

アホになるから、それより工夫してなんとかしようと思う習性にしたほうがええ。結局は得をすると思う。

今ある条件の中でやる

水道屋のときね、現場が四階、五階だったりしたら、次の作業を先読みしないとつらいのよ。「お前、あの道具持って来てへんのか、アホか」と言われたらまた下まで取りに行かなあかんでしょ。そして、トラックの停めてあるところが遠かったりすると、かなりきつい。取りに行っている間は仕事が進まないから、職人さんもイライラするしね。俺も必死で早歩きしたり、走ったりして。そりゃ、身体はどうもないけど、気持ちやら意識がしんどいよ。

だから、そういうことがないように次の作業のことを考える。あるいは、なんか代用できるもんはないかと思うわけ。取りに行くと時間もかかるから、「あ、これどうっすかねぇ?」とちょっと違う道具での代用をそれとなく訊く。そこで、その手元(俺のこと)がうっとうしいと、「バカモン! もうあかんあかん。スグに取って来い!」ってなる。けど、手元が許せるタイプやったら、「んー、まぁ一回それでやってみようかのぅ」となる。

それが大きいわけよ。

ファッションショーの仕事をさせてもらっていたときも、いつも、今あるものでなんとかしようとしていた。イベントってそのときだけのものなんで、そのときになかったら、次の日にいくらええモノがあっても、まったく意味のないモノになる。もちろん準備して、完璧にしようとはするけど、必ず途中で潰れたり何か起こったりする。今からじゃ修理は間に合わない。そういうときに、そのイベントに持って行ってるモノで、なんとかしようとしていたし、そうせざるをえなかった。

店の取材も一緒。

自分で全部できないしね。自分がいるその周辺、その小さい枠の中でできるようにしないと、ということばかりやから。

店に取材に行って、一人のお客さんが「俺は撮られたらかなんど」と言い出したら、その日の取材はダメになる。その人が帰るまで取材ができない。そこで、あらかじめ入ったときに、そういうようなことを言いそうな人がいち早くなごめる雰囲気を先につくっておく。すると、あんまりそういうことは起きない。なんかやり始めてから、店の人に言ってもらったりすると、そういうことが起こりやすい。そういう人には初めに、「実はちょっと……」と話しかけておいたら、あとは全員に話しかけなくてもいい場合もある。

俺はせこいんや。早よ帰って、遊ばなあかんし。

若者には時間がない

広告やってるときも、酒場ライターやってるときも、「早よして、早よ帰ろう」っていつも言っていた。そやないと、遊べへん。仕事って、やろうと思えばいつまででもできるやろ。「早よして、早よ帰ろう」「若者には時間がない」ということを言っていました。制約があったほうがいい仕事ができるから。

「若者には時間がない」って、俺自身のことやで。

「若者には時間ないからスピードをあげよう！」「もう早よして早よ帰ろう！」って、若者に言っている。俺より若い奴に。でも、本当は、そいつらのことじゃない。俺が一番早よ帰りたいんや。ただ、そいつら残して帰りにくいだけで。

広告の会社に入って、先生の手元についたとき、なかなか帰れへんかったわけよ。麻雀やら将棋やらし出すし、もう……。デートも約束もできないしね。

その切なさがあるんで、俺が事務所をやってたときは、「とりあえず、俺がいようがいまいが適当に帰れ！」「俺はそれでデートに苦労したんや！」っていつも言ってましたね。

両方ある。

「手元として、仕事をじっと最後まで見とけよ」というときと、「もう早よ帰れ！」というときと、両方ある。「ずっと見とかんと、お前ら損するど」というのと、早よ帰る勇気を持たなあかんというのと、両方あると思う。どちらも制約というラインを意識することなんやけど。難しいね。


広告も原稿書きもいつまででもできるやろ。でも水道屋やモノづくりはチャイムが鳴ったら終わり。もしくは五時になったら帰る。なぜならそれ以上やったら、それに対して請求しなあかんもんが出てきたりするからね。

それだけにチャイムに合わせて、全部逆算してやっていました。

帰れない雰囲気ってあんねんな。あれ気持ち悪いよねぇ。気持ち悪い。でも、帰ったほうがええよ。そういうときは。


ほな、今日はもう終わりにしますわ。

すいません。

第四夜

「あー、たまらんなー」と思う瞬間を与えてくれる酒場は、「行きがかりじょう」的な場所にある。特に、よく利用する駅や施設の近くにゴキゲンな一杯を享受させてくれる店が人それぞれにあるはずだし、まだ見つけられていないなら生活をウェットにするために（ドライでもいいけど）見つけるべきだと思う。そこへ行く動機にわざわざ感がなければないほど酒は正味で感じられるし、その日その夜の趣とストレートに戯れることができる。

一九九九年

8

「バッキー井上」の誕生

広告屋から漬物屋へ。その〝華麗〟なる転身の裏には、一人の男との出会いがあった。江弘毅（『ミーツ・リージョナル』元編集長）。一九八〇年代後半の話だ。

「バッキー井上」という名前

謎なんや。

うーん、一九歳くらいのときからよく行っていたロックンロールがかかるスナックや、おでんのあるバーなどの飲食店ばかり入った、木屋町の西側の雑居ビルが並ぶ中に、吹きだまりみたいな店があって、そこへ行くと、カタカナの奴が山盛りいた。トム、リンダ、ボビー、エディー、ジェリー、ハリー、ジェームス、テリー、ドリー、キャサリン……とか言うてたな。いっぱいおったよ。俺はたぶん、そういう名前をおちょくってたと思う。

「ほな俺はミッシェルにしてくれ！」「いや俺はカルロスや」とか言うてたな。

ボビーやらなんやらって全部アメリカな名前やろ。そやから、ミッシェルにしてくれ、ブラジルっぽいカルロスにしてくれとか、そんなことを言ってたな。

そうこうしているうちに、「お前、ハワイアンの息子やしバッキーやんけ」となった。

ハワイアンといえばバッキー白片《しらかた》やしね。うちの親父がバッキー白片さんの弟子みたいなもんやったから、俺の家は子どものときからいつもハワイアンが流れていた。だからスナックやらでハワイアンを原語で歌ったりもしてた。で、「なんでお前そんな歌知ってんねん」「俺はハワイアンも歌えるんや」「じゃあ、バッキーやろ」となったんちゃうかな。まだ水道屋で働いてる頃に。

その当時、俺のことをバッキーって言う奴は少なかった。

みんなもそうやと思うけど、出会った時期によって、人の呼び方が変わるよね。一〇代のときから知ってる奴は、俺のことを「ヒデオ」と呼ぶし、画家になってたときに会った奴は「画伯」「イノウエ画伯」。「ジュジュ井上」もあったし、空いたスペースに記事を埋めなあかんときは、「井上竜之進」って名前にしていた。「井上途方《とほう》」もあったな。『ミーツ・リージョナル』にも、井上途方でよく書いてたよ。

パブリックな場で「バッキー井上」と名乗ったのは、『ミーツ・リージョナル』の連載が最初やな。江は必ず「おーイノウエ」って呼びよるけど、当時の仲間内では元々バッキーって呼ばれてたからね。エレクト堀野（当時制作ディレクター、現在も活躍中）も「バッキー」って言うし、今は「バッキーさん」が多いかな。年いったしか。

「森」ほど合理的な苗字はない

ほんまはねぇ、「『森』って呼べ」と言うんやけど……。

電話するとき昔は、よく「森」と名乗っていた。今はケータイやから電話出るときに名前が出るけど、ケータイじゃなくて事務所からどこかに電話するときは「森」と名乗る。

「森」という苗字は、日本の苗字の中で一番合理的なんちゃうかなぁ。機能的。ほとんど訊き直されない。何かのとき、字を訊かれることがあるやろ。「森」だと、「森林の『森』です」って言うたらだいたいわかる。けど、他は伝わらへんことが多い。それに、「もり」って語感が柔らかいやろ？　しかも二音。とても合理的。

だから、「こんな合理的なんやったら、その苗字を記号として使えばええだけの話やんか」と思った。

歯医者に行くと、「バッキーさん」って言いよるんや。その歯医者さんは、二八年以上行っているし、一緒に飲んだこともある。その医者が「バッキーさん」って言うのはわかる。で、そこの受付の人たちもつい言うてしまうんやろな。先生が「もう一回バッキーさん呼んでー」とか言わはるんちゃう？　中で治療してもらってるときも、「バッキーさんどうですか?」と訊かれると、一緒に診察室にいる人たちが、「さっき一緒に待ってた奴、バッキーって。ガイジンかよ」みたいな目で見てくる。あれ、かなんのや。「森」がええんやけどな、ほんまに。

おもろい奴らと

おもろい奴と会うと、そっちの方向に行くんですよ。

そやから、その当時の関西のクリエイターというような人たち、たとえばコピーライターやデザイナー、そういうクリエイターの人たちと飲んだり食うたりするよりも、……まぁ江弘毅とかと飲むほうがはるかにおもろかった。

江とか……うーん、なんて言ったらええかなぁ……クリエイター的な仕事もしてるけど、グラフィックやコピーライターとか専門職ではない。自分の何かで仕事してる奴。自分の技術とかじゃなくて、自分の持ってる何かで仕事をしている奴。

あの頃三〇歳くらいだったので、そういう奴と出会うとそっちのほうがおもろいわけ。一緒に広告をつくるのも、それはそれで楽しいけど、違うダイナミックなおもろさがあった。なんともうまいこと言えへんけど、広告のクリエイターよりも、自分で、自分の何かで仕事してる奴のほうがおもろかったから、サラッとしたお洒落遊びより、街でドロドロになる、やっぱりそっちのほうに……。

江弘毅との出会い

一九八〇年代後半、当時、江がおった会社に、たまたま京都で俺と仲の良い人もいた。俺が若いときから知ってる女の人でよくできる人。そのとき（『ホットドッグ・プレス』の会議のとき）、その人は神戸チームにいた。神戸チームには江のほか、江と双璧やった西脇っていう男（そいつはその後、独立して神戸でいろんな雑誌をプロデュースした実力ある男）、あとその山本さんという京都の女の人で、ものすごいセンスのええ人。その三人を束ねているのがこれまたインテリのアバンギャルドな人で計四人。大阪チームも三人で来てた。

で、京都は俺一人……きつかったわぁ。

江なぁ、うっとうしい奴やったで、ほんま。なんか言うたら「それねぇ、いまワインってそんなんちゃうと思いますよぉ」とか言うわけ。

京都のデートコースにしても、「それってどうなん？」とかね。大きい声で言うわけや。俺に向かって言うわけちゃうで。一緒に来てる仲間に「そんなんてオモロイのかのう」とか言う。性格悪いやろ。ほんでときどき、「それ、僕もよう知ってますけど」って、自分がいかに知っているかっていうことを散々言ってから、「で、どこ行ってはるんですかぁ、井上さんは？」みたいな京都人のようなことを言ってくる。俺は完全に負けていた。

会議が終わってから、みんなで中華を食べに行った。その後、ホテルのバーに行った。そのときに、俺の逆襲が始まった。

江なんか流行りのバーボンソーダを飲んどった。大学生とかに流行ってるようなもんや。

俺はちゃうやん。

ギムレットのロック。カクテルも飲み方もちゃう。年季入ってる。そしてこう「グッ」と飲む。まぁそれを今あいつに言うても「そんなもん、俺もそうやったわ、知ってたよそんなもん」って絶対言うけどね。絶対言うね。

まぁ、それがきっかけで仲良くなっていった。『ホットドッグ・プレス』の仕事をやっていたとき、校了が近づくと、出版社の人が「みなさん、東京に来てください」っていうわけ。やりとりが面倒くさいからね。で、江と俺と西脇と堀野で行った。四人とも背が同じくらいで、よう飲むし、よう食うねん。そやし東京の人がいつもびっくりしてた。「関西のライターってこんなでかい声でしゃべって、よう食うて飲む奴ばっかりなのか」って。京阪神から来た全員が、同じくらいの背丈で、俺以外は声大きいし、よう飲んで、よう食う……。ほんで文句言うし。俺は言わへんけど、江はよう文句言うとったわ。

その後、よく江たちと一緒に仕事をすることになった。『ミーツ・リージョナル』の創刊前からね。

一緒にやり取りをして、そのおもろいほうに傾いていってしまうんやなぁ。

ギャラはどうかって言ったら、やっぱり広告と雑誌は全然ちゃう。それでもやっぱり、そっちのほうが江とやり取りできるんで、そっちを取るわけよね。ギャラの良い仕事を得ようとはするものの、やっぱり時間を少なからず取られていくわけで。本当やったらそういうことは、すべきではないよねぇ、会社のマネージメントだけで考えれば。五対一とか一〇対一のギャラの開きがあるからね。そうするべきじゃないとは思うけど……それでもそっちの仕事を取るよな。やり取りが面白いから。それは正しいというか、俺としては良かったんちゃうかなぁと思う。

なんの損得もない。それがいい。

それまで文章なんて書くタイプじゃなかった俺が、書く仕事をさせてもらったおかげで面白い人とたくさん知り合えて、なんか良かったような気がするね。

そこに、「この人の何がええ」っていうことがあんまりない。この人とこういうふうなことしてたら、こういう流れの仕事が来るかも、というようなことではないわけよ、全然。

特に「バッキー井上」っていう存在で言えば、相手からしたら、まったく得することがありえない対象。得することってありえない。

ありえるとしたら、「ああ、こういう奴もいて助かった」「この部分だけは代弁してくれてる」とか、「暇なときにこんな奴と飲むのもええか」とかね。これこそが得なんだけどな。

それでも、こうやって出会ってきた人が多いっていうのは、とても、こう……幸せなことやと思う。利することがあるからやり取りがあるよりも、価値があるんちゃうかなぁ。

そやし、おいしい店ばっかり行ったらあかんわけやな。いま、話がとんだな。おいしい店ばっかり求めたらあかん。それは俺、かなりしつこく書いてきたし、しつこく思ってる。

おいしい店を求めるのは、いい時間だけを抜粋して抜き取るようなもの。それはちょっとね。そんな戦い、勝利のない戦いと同じですよ。本人たちはいい時間だけ抜き取って「勝った」と思っているかもしれへんけど、それは損やなぁ。ほんとにそう思う。

昨日（七月十七日）も、祇園祭の神輿《みこし》担ぎの面々、二五人くらいが着替えたりする場所が要った。何年か前までは、俺のところの、漬物を漬ける作業場の二階でやってたんやけど、その作業場が手狭になってきて、空きスペースがなくなってね。その後、百練でやったこともあるけど、やっぱり狭い。そうしたら、仲間がやってる〈アルペジオ〉っていう店が、場所を提供してくれると言ってくれた。それも、「お金要らん」って。「祭りなのになんでうちがお金取らなあかんの」って言ってね。

でもそれやと、俺らも、着替えてるときに「ちょっとビールちょうだい」とか言えへんやん。百練や俺のとこの漬物屋のときは、ある程度ビールをまとめて買っておいて、それをみんなで飲むだけやった。けど、〈アルペジオ〉は、そこで酒を出す商売をしてるわけで。昨日も、俺らのためにスタッフを呼んだりしてるわけ。なかなか言えへんやん。「ビールちょうだい、酒ちょうだい」って。

そやし、多少でもカンパさせてもらわな、ということになって、いつものように帽子をひっくりかえして結局そうした。

なんの損得もない。それがいいよね。面白いよな。

まぁ、損得あるのはあるので、また面白いんやけどな。

言うたらなんでもありやな。

うん。

ただそうやっていい時間を抜粋するのもありやと思うけど、そこに固執すると勝利はない感じがするなぁ。

百練のスローガンはね、「いろいろあります、いろいろあるんです。」。

それを店に張ってるとおかしいから張ってます。それを張ってる額も、キリンビールさんが持って来た額。中の紙（イチローの写真）を裏返して、俺がそこにスローガンを書きました。

9

酒場ライターへの道

江弘毅との出会いを経て、ライターとしての道を歩み出したバッキー井上。書きながら見つけたモノの見方・考え方は、まさに「バッキー哲学」となって開花し始める。

「百の扉、千の酒」——行く前から知っているなら、行く必要がない。

そもそも書く仕事をやり出したのは当時『ミーツ・リージョナル』の編集をしてた江という男が俺のケツを蹴ったから。変なミッションばっかり出しよるわけや、あいつ。たとえば、大阪のミナミの特集をやるとなったら、「とりあえずお前、あの辺りに何日も夕方から続けて飲みに行けよー！」って言いよるわけ。

俺も編集会議に出ていた頃で、よく会議で踊り（正味、踊ってました）ながら言うてたなぁ。

「行く店を決めてから行くってどうなん？」「行く前から知ってるんやったら、行く必要ないんちゃう？」

それで、戸を開けて閉めて、戸を開けて閉めて、という街巡りというか店巡りをした。まぁ、普段からやってたからね。開けて入って、出ていって、また開けて。と。何軒も飲みに行くのはええけど、せっかくならハマるとこ行きたいしね。酒だけではなく、そこでしか味わえないもんが味わえる。どこで飲んでも同じようなもんじゃない、店には店の独特なもんがきっとある、とか。そういうのを見つけないともったいないやん。お金も時間も。

それで、『ミーツ』創刊号からコラムを連載することになった。コラムのタイトルも「百の扉、千の酒」にした。ひとつの扉の中に、千くらい酒がある。要するに、一〇〇×一〇〇〇やわな。まぁ無数ということです。

無数の店の扉があって、その中にもさらに無数の酒がある。同じ夜はない。

そういうタイトルで書き始めたんです。ちなみに俺の息子の名前は万の道（路万《ろまん》）です。百の扉、千の酒、万の道。うーむ。俺は途方。ひとつ。

はじめは日記形式やった。

俺、文章を書くことが得意でもなかったし、書きたいことが特にあるわけでもなかった。そやけど、江が「お前書け！　おもろいから。お前の枠、用意するわ！」と言う。

俺が、「でもそんな書くことないやんけ」って言うと、江は、「お前のやってることを書いたらええやんけ」ってでかい声で言う。

そんなことではじめは日記のようなスタイルだったんです。「何月何日、どこどこで飲む」、それだけ。

「六月六日、キレた服屋のオヤジと道頓堀のバー。ウイスキーで飲む。マティーニのレモンピールが舞った夜」とか。この、キレた服屋のオヤジっていうのは、エヴィスジーンズの山根（英彦）のことやけどね。

「声のでかい岸和田の編集者とコムデギャルソンな新地のママと飲む」「西成の、カタカナばっかり使いよるデカイ男とブルースの打ち合わせをしながら二人ともブルースになった」とか。パ・リーグの男とか酒ピエロとか木屋町のハゲ軍曹とか。街のけったいな奴と飲んでいる描写だけのコラム。

あとは店の取材もやったけどなぁ。

でも、店の取材は……なんか、その店の何がうまいかを書いても、俺自身、そんなことにはあまり興味がないねんな。まぁ、出版社の要望があるし、俺もサービス精神強いから、そういうことにも触れるけど、基本的には味やメニューにはほとんど興味がない。

撮った料理は、まずくなる。

それに料理は写真を撮ったら、やっぱり気《き》ぃ抜けるよな。絶対に気が抜けると思う。フェイスブックやらブログやらでもよく料理撮ってアップされてるけど、あんなん全部おいしくなくなってるんちゃうかなぁ。

確実になくなってると思う。

ほら、携帯にメールするときも、一斉メールで打つのと、ひとりずつ打つのとでは反応が違うでしょ。あれ、打つときに「念」が入るからやと思うな。科学的には解明できていないけど絶対そういうことがあると思う。人間が知らないだけでね。写真も絶対そうやと思う。おいしくなくなるからね。

「おいしくなくなる感じ」とか、「おいしくなくなる気持ちになる」とか、感覚の話ではない。物理的においしくなくなっている。いや、ほんまに。

これは、いろんな人と話しても譲れないところ。

俺が譲らへんのは、わりと珍しい。

基本的にすぐ譲るからね。けど、これは譲れない。

よく、こう言われるんです。

「写真を撮って、すぐに食べるわけやろ?」「撮るのに一〇秒かかったとしても、冷めてもいないし、何も変わっていない」「料理そのものはまったく変わっていないのに、おいしくなっている、というなら、それは食べる側の何かが変わってるわけであって……」

「そやし、バッキー、お前は間違ってる！」と。

こんなことも言われた。

「ほなら、隠したところで、写真撮った料理と、撮ってない料理の二つを出して、バッキーは判るんか？」

そんなん判るわけないやろ。俺は手品師ちゃうんやから。

「俺は判るわけないいけど、わかるんや」「おいしくなってることは、わかる。ゲームのようなものでは、判らない」

と、俺は答えるわけやけど、相手から、「お前、何言うてるかわからん」と言われる。

先日、百練で初めてしゃべった人も同じこと言ってはりました。俺より一〇歳くらい上の人で、昔からかっこええ人でした。俺がさっきみたいなこと言うたら、「それは井上くん、絶対そうだよ。井上くんの言うとおりだよ」と言ってたな。

料理そのものが変わる

店の取材をしていた当時は、あんまり思わへんかったんやけど、俺は料理の味そのものを変えることができる。ほんとかよ。

料理や酒の味、そのものが変わる。

「またお前……そんなもん変わるわけないやんけ」って言う奴おんねん。「そんなもんお前、変わるわけないやろ」とか「ほなお前、変えてみせろよ」と言われる。

「俺はそんなことできひんけど、間違いなく変わる」

「だからそれは、お前自身の感覚とか、何かのスイッチが入るとか、そんなんで変わるんやろ?」

俺は、「お前、またその話に戻るんか! 違うっていうてるやろ! 写真のときと一緒やー!」と反論する。

そんなことって、あるんですかねぇ……。あると思う。変わるやろ、ほんとに。うーん、証明できないだけやなぁ。証明ができないからタコができるまで言い続けるしかない。「なんでも」理論やね。

たとえば、俺が一杯のお酒をおいしくするというとき、たぶん俺がそこに何かを入れている。「自分自身が何か変化しているからやろ」と言われるけど、そうではない。「俺が何かを入れていて、酒そのものが変わっていく」

俺はそう思っている。そやし隣にいる人のお酒にも入れることができる。隣で飲んでる人も、それを飲んでおいしくなる。意識的なことじゃないけどね。ほんとかな。

全部オッケー

まぁ、そういうわけで、取材に行っていたときは、その店の何もかもがゴキゲンに見えてくる。

バーでもね、ピカピカに磨き上げられたバーと、バックバーの隅に埃《ほこり》が溜《た》まってるバーがあるとするでしょ。当然、ピカピカに磨き上げられたバーのほうが空気も澄んでいて、気持ち良い。オープンしたときに扉を開けたら、空気がヒヤッと澄んでいて、なんかシュッとしてる。

かといって、埃があるようなバーに行ったとしても、その埃があることに対して、俺は否定的には思わない。

よく、評論家みたいな人が「あそこの店、埃たまってるからなぁ」「開けたとき、ひんやりした空気ないし」と言うのもわかる。「そこが残念なんだよな」と思う気持ちもよくわかる。けど……俺は「だから」残念や、とは思わない。

俺がそこに行ったときは、「掃除が行き届いてピシッとした空気というわけじゃないけど、それはそれで、きっと何かある」といったことを、必死で求めてしまう。「ひんやりした、汚れのない空気の中で飲めなかったから、残念やな」と思ってたら、損するでしょ。埃だらけのところで飲んでても、結局そこで飲むんだから、そこでどうしたら得になるかを考えてしまうんやね。それを、取材してるときにコースターの裏に必死で書いてたんちゃうかな。

そやから、全部オッケーとなる。

ピリっとしたスタックバーは写真を撮ってもかっこいいし、マスターの顔もかっこよかったり、出てくるグラスもシャープやったり重みがあったりしてかっこええ。かたや、学生が表にゲロを吐いたりしてるようなパブも俺は大好きやねん。悪い店ではない。店内がグワッーとなっていて、酒も「何やこの酒⁉」っていうようなワケわからん酒が出てくる。そういうところでも、瓶のままのビールを飲んでゴキゲンになる。

棒をクルクル回すテーブルタイプのサッカーゲームとか置いてあるパブがあるやろ。ああいうのがメチャクチャ好きやねん。ムチャクチャになってる店も好きやし、埃たまっていてトイレの臭いバーも好きなんや。
けったいな店にもたくさん行ったもんや。
全部オッケーやった。
ちなみに俺は親戚の子どもたちから昔は「オッケーのおっちゃん」と呼ばれてたなぁ。
マジで。

新しい店より、新しい見方。

でも、条件を与えられると、人ってその条件に適そうとする。反応するんやなぁ。
俺も、『ミーツ』の編集の奴らにいろんな条件を与えられてよく走らされました。
四、五〇人くらいの人が自分の好きな酒場を紹介する特集があったとき、「お前は一発目の見開きでやれ」って江に言われた。で、最初の見開きとして応えられるような店を探さなあかんようになった。
でも、そんな店はすぐにはない。それでも探した。すると、いつも見つかった。
見つけたというより再発見。普段行ってるところを改めて見ると、とてもすごい店やったりね。

たとえば大阪のリーガロイヤルホテルの上の「スカイラウンジ」。その当時はまだ生バンドもあった。

いろんな目的の人が雑然と集まっていて。要するにパブリックの極地。バンドを見てる人もあれば、相手としっぽりしゃべってる人もあれば、おっさん五人の商談の後みたいなのもある。その雑多な空気が、見方によってはものすごくかっこよかったりする。静かなバーで飲みたいっていうときはそういう店は適してないかもしれないけど、見方によっては、もっともひとりになれるところがそういう雑然としたところだったりする。

ええ記事書いたと思う。

新しい店を見つけるんじゃなくて、新しい見方を見つける。そういうことをやっていた。

適当に結論づけて「あそこ、もうひとつや」とか言うのもねぇ。

「もうひとつや」って言う人自身が修業不足だと思う。ほんま。

おいしくないうどん屋とか、なんぼでもあるよ。なんぼでもあるけど、それがまたええんや。おいしくないのもいいんです。

だから、おいしいもんばっかり探してる人は、出発地点から損をしている。勝ちのない、負けだけしかない戦いやな。出発時点で負け戦《いくさ》や。

第五夜

街の手練れたちは、わがままをスマートに行っている。それはそれぞれに異なる街や店の空気を微妙に嗅ぎ分け、行儀よくかわいらしく通いつめ、少しずつ少しずつ小さなわがままを積み重ねながらこじ開けてきたのでスマートに見えるのだと思う。いきなり「あーしろ、こーしろ」とは決して言わないから、スマートにわがままができているのだ。やっていることはハッキリ言ってメチャクチャだが、街の手練れには妙に色気やかっこよさを感じてしまう。それは俺だけがそう思っているのではない。街の手練れたちは、店の人や女の人からよくモテている（だから俺も憧れている）。話がうまいからではない（何を言ってるのかわからない人が多い）。もちろんカネのあるなしではない（基本的には勘定に細かい）。

二〇〇二年

10

小説家だった

日本初にして日本唯一の酒場ライターとなったバッキー井上だが、何を思ったか「小説家」になったこともあったとか……

先駆けて、ケータイ小説

いっとき、連続小説を一〇〇人くらいの人に、毎日ちょっとずつ書いては、ケータイのメールで送っていた。

いち早くケータイで小説やってたんやな。一九九八年。相当早いやろ。ケータイ小説が流行るずっと前。毎日小さいケータイで打ってたなぁ。

そしたらみんな、「なんかよーわからへんけったいなもん送らんといてくれ」って言ってくる。そのタイトルが『佐知子』。

中書島《ちゅうしょじま》とか、京都の京阪沿線が舞台でね。右往左往してテンポも空気も変わる妙な小説。いろんな奴が出てくる。「くわえさなぎのミドリ」とか、「クンロク末子」とか……。でな、店の名前忘れたけど、中書島の何とかいう店で、ママがお客さんの前で「今からメアカやるよ」って言わはんねんな。「メアカ」。意味不明やろ。

そうやって送ってたら、その日は、「うわー、『メアカ』ってなんやねん!」ってみんなから返信が来た。「『メアカ』ってなんやねん！　寝られへんやんけー」って。「消毒バー」とか出てくるしね。「消毒バー」……そこに女が何人かおんねん。人間の図鑑やな。……ほんとかよ。

まぁ読んでもらうのがいちばん早いね。

せっかくなんで掲載します。興味ない人は読み飛ばしてください。

携帯電話連続メール小説　『佐知子』　著／バッキー・イノウエ

第1話
丹波橋駅で森の横顔を見た途端に佐知子は左手の親指を握って隠していた。涼子が消えたのもこんな雨の夜だったことを佐知子は不意に思いだした。そのとき、ホームに

第2話

ホームに普通電車が生温い風を連れて入ってきた。単調なアナウンスとともに開いたドアが俯《うつむ》いた人々を吐き出し、疲れた人々を飲み込んだ。森もまたそのうちの一人だった。この電車に乗るということは、まだあのアパートにいるのだろうか。佐知子は森が背を向けたのを確かめると、拳をつくっていた左手の力をそっと抜いた。佐知子は涼子がなぜ北浜の大黒堂に通っていたのかを知っていた。涼子が伊藤に襲われたとき、

第3話

涼子が伊藤に襲われたとき、佐知子は森のアパートでたたずんでいた。前田武彦と芳村真理が司会をしている歌番組の中の笑い声が佐知子の神経を逆撫《さかな》でした。森が今夜も帰って来ないことは着ていったスーツでうかがいしれた。森は中書島のスナックの冨美江から金を借りていた。佐知子は冨美江の体を知っていた。それは大晦日の夜

第4話

二年前の大晦日の夜、佐知子は冨美江の店の二階の部屋で寝かせてもらっていた。前の夜、冨美江の店・パールの忘年会で常連客の挑発にのり、ジョッキになみなみと注がれたウイスキーを何杯も飲み干した。酒が強いと評判の女と一緒に治が来ていたからだった。佐知子は、「あとはおぼろ」（光惚のブルース、青江美奈）と、何度もくちずさみながら、いつのまにか森にしなだれていた。冨美江から近づくなといわれていた森はいい匂いがした。その瞬間、冨美江が

第5話

その瞬間、冨美江が店の電気を消して、「メアカするさかい」と、声をだした。森は慌てるかのように佐知子を振り払って席を立ち、窓からのわずかな光をたよりになにも言わずに店を出た。他の客がストリップでもあるんか、と声をだし何人かが笑った。佐知子は薄明かりの中、治を見つめていた。佐知子はメアカを知らなかった。冨美江が佐知子をカウンターに呼んだ。年配の客のひとりがうめくような声をだした。ゴトンと何かが落ちた音がした。佐知子は

第6話

佐知子は28歳だったが場によって20歳にも40歳にも見えた。メアカのあと、冨美江の店は壁も床もぬるぬるになっていた。冨美江は自分を騙さないと継続することはありえない、いつのまにかそれを感じ、そうして生きてきた。何かを見つめ続けると壊れる。だから、他人を巻き込みながら、かすり傷がつくようなことばかり冨美江はやり続けるのだった。パールの客はそれを求めていた。佐知子はメアカを体験して、

第7話

佐知子はメアカを体験して、冨美江から離れなければいけないと思った。それが何かさえもわかりはしないが、自分自身の本性と向き合うのが恐かった。佐知子は冨美江の体から発せられる匂いを感じた瞬間にそう思ったのだった。しかもその匂いには憶えがあった。めくるめくめくるめくめくるめく。たがためにたがためにたがために。佐知子はナマの足をブラブラさせて久しぶりに笑った。佐知子は二十八年間生きてこれなら、これからの二十八年など何も心配する必要などないという気になってきていたのだった。佐知子は治を誘い、

第8話

佐知子は治を誘い、二階へ行こうとしたが、女と来ている男に話しかけようとする自分自身の顔が目に浮かび、治の前を素通りして店を出た。数時間前までにぎやかだった中書島の駅前通りも色付きの灯りひとつひとつが目に入るような暗さになっていた。佐知子は駅前でタクシーを不意に拾い、祇園とだけ運転手に声をだした。佐知子は疏水と鴨川に挟まれた師団街道を走る車の中で、森と冨美江の匂いがどこかに付着しているような気がした。佐知子は花見小路の消毒バーの

第9話

佐知子は花見小路の消毒バーの河崎に下手な嘘をついて欲しかった。「さっちゃん、久しぶり」河崎は癖のある酒場にはふさわしくない眼鏡のホテルマンな笑顔で佐知子を迎えた。「今年最後のお客さんがさっちゃんで今年はええ締めくくりや」と言いながら、イソジンリッキーを作り始めた。佐知子は小指が立ちはじめていた。そのとき佐知子の隣のミソラな客がグレンチェックの上着から見覚えのある

第10話

見覚えのある店のマッチと煙草を出した。黒地に赤色の文字で「黒猫」とだけ書かれた薄型のマッチは、河崎の笑顔に落ち着きかけた佐知子の胸を激しく動揺させた。ぬるく甘いメロンフィズ。赤いピータイルの階段。酢こんぶ。汚れた白いワンピース。左胸の傷。ドアを叩く音。佐知子がマッチを見た瞬間にそれらが脳裏をかすめた。佐知子は「黒猫」で

第11話

佐知子は「黒猫」で、人の穴を初めて見たのだった。七月の一カ月のあいだ行なわれる祇園祭で最も幻想的な七月十日の御輿洗い式が終わった夜、佐知子は酔った治から呼び出されて黒猫にいた。紅いデコラ貼りのカウンターの向こうに治はいた。一五席ほどのカウンターにいた客の全員が女性だった。逆睫毛《さかまつげ》の真由美、豆さらしの加代子、鳥肌の万知子、

第12話

逆睫毛の真由美、豆さらしの加代子、鳥肌の万知子、椅子なし克子、ひいきな七生、春雨カオリ、嘘泣き小百合、クンロク末子、花の蜜あけみ、糸口なみこ、ミックス順子、あかへん静代、くわえさなぎのミドリ、ニードルのお銀、京大たみ子、の一五人がいた。佐知子は帰りたくなったが、嘘泣き小百合が

第13話

佐知子は帰りたくなったが、嘘泣き小百合が治に言った言葉の断片が佐知子を止まらせた。嘘泣き小百合は泣いていた。そして席を立ち、黒地に金の刺繍が入ったブラウスをひらひらさせながら顔に手をあてて佐知子の横を通りすぎ、店を出ていった。治が小百合の座っていた席を指差し、佐知子を見た。

「あの子は人間度が高いから誰からも三日で飽きられはんねん」と、くわえさなぎのミドリが灰皿にアーモンドを吐きながら天麩羅の

第14話

くわえさなぎのミドリが灰皿にアーモンドを吐き、天麩羅遊びをしながらつぶやいた。逆睫毛の真由美が眩《まぶし》しそうにしながら「うつつな浮雲」を歌い始めた。

「溶ける氷に追い抜かされる飲み手　ほったらかされた煙草がすねて　聞き覚えのある歌に　我がココロだまされて　紅い点滅知らせてる　チョチョチョン　チョチョン　どこいくの　チョチョチョン　チョチョチョン　またあした　朝になったら　クチパクパク　起きねばならぬまた今日もーワオ」
その時、クンロク末子が大声を出した

第15話

その時、クンロクの末子が大声を出した。「もーうるさいゆうねん。だいたいあんたら毎晩毎晩、酒飲み過ぎなんや。治はん、あんたもあんたや。ええ加減にしとかな、あんたが勝手にメアカをしてること冨美江姉さんに知られるで。加代子もよーわかってるやろ」

クンロクの末子がメアカと言った瞬間、そこにいたほとんどの女が反応していた。あかへん静代は足を閉じた。椅子なし克子は鼻を擦るふりをして自分の指先の匂いを嗅いだ。豆さらしの加代子は

第16話

豆さらしの加代子は、目の前のバイオレットフィズを憎らしそうに見ていた。そして、隣にいたミックス順子のウブゲが光ったその時、クリスタル製のアイスペールの中の氷をくるくる回している治と加代子が目を合わせたことを佐知子は感じていた。

人の視線の先を追わなくても、酒場では視線の交差を感じることができる。視線すら動かぬ時でもそれが感じられることもある。慣れた店でも慣れない店でもそれは感じられる。佐知子はふと「わたしは今日、きれいなのだろうか」と、思った。その次に出てくる

第17話

その次に出てくるフレーズはいつも、「わたしがここでこうしていることを、この世の中の誰が知っているの」というものだった。佐知子はこのフレーズがココロにまとわりつく時、いつも「もう帰ろう」と思い、次の瞬間には「どこに帰るの」という、消しゴムのようでイケズなフレーズが佐知子を振り返れなくさせるのだった。

佐知子は治への気持より、この店には居たくない気持とカウンターにいる人たち

と関わりたくないという感覚が佐知子に「治さん、帰るね」と言わせた。くわえさなぎのミドリが……。

第18話

佐知子は塩小路高倉の通称・タカバシで、第一旭か新福菜館のどちらに入るか悩んでいた。ラーメンは第一旭が好みだが、新福の焼飯が佐知子を迷わせていた。空腹感がますます佐知子の胃を刺した。

第19話

カーテンの隙間から差し込む光の強さで、もう昼前かと治は思ったが、この部屋がどこなのかを思い出すには部屋の住人を目で探さねばならなかった。気配はなかったがベッドのそばにあっただらしのないグラスと紅い煙草の箱の柄で、あー、とつぶやいた。と同時にオノレの下半身の様子をまさぐった。治はなぜか佐知子が黒猫から出ていった姿を思い浮かべていた。あれから佐知子はどこの店に行ったんだろう。誰かと会ったのだろうか。体を起こす気になれないまま灰皿を見ていて、また治は眠った。

『続・佐知子』

第1話

第一旭を出た佐知子はそのまま京都駅に向かって歩いた。冨美江から曾根崎のジャズ喫茶・ヒラクルームにいる森敬三へジンジャーシュガーを届けるようにいわれていた。けれども佐知子は冨美江から渡された赤黒い紙袋のガラにココロを吸い取られていた。その紙袋にはポルトガル語らしい字のならびで、穴と穴、そういう意味の店名が刷り込まれていた。佐知子は森の顔を思わず想像して、肌に触れている下着の質感に神経を投入していた。森敬三か。

第2話

たぶんこの部屋の住人はスーパー大黒屋の袋いっぱいの買物をして明るく帰ってくるのだろうと、治は思った。腹も減り、喉も乾きまくっていたが、この部屋の住人とシラフで向き合うのはいやだった。外でもシラフはきついのに部屋でサラダなんかが出てきたらと思うと煙草を吸うことしかできなかった。黙って帰ってもええやろ、と、誰もいない部屋で治はつぶやいていた。部屋を出て階段を降り、酢の匂いのする道に出て下を向けばアスファルトが子どもの時に見たアスファルトと同じだった。佐知子、と、つぶやいていた。

第3話

曾根崎のジャズ喫茶・ヒラクルームに着き、重い扉を開けると黒いワイシャツを着た男が「なんでした」といいながら、邪魔くさそうな顔を佐知子にゆっくり向けた。「あの、こちらに森敬三さんという方、いらっしゃいますでしょうか」と、佐知子は言いながら黒いシャツの男がしきりに動かしている爬虫類のような指を見ていた。「あー、冨美江さんからか」と、赤黒い紙袋を男が受け取ろうとして体を動かした時、その男から冨美江の匂いがした。佐知子は「あの、森さんですか」と言いながら、その男の首のあたりを見ていた。その男は肯定も否定もせず、「あんたが、佐知子さんやな」と言って、佐知子の足首を見た。

第4話

独占欲がある男はダサい。冨美江がそう言っていたことを佐知子は森に抱かれながら思っていた。木屋町五条のホテル高瀬は傷みが残る明かりしかなかった。ここに来る前のタクシーの中でミッシェル・ポルナレフの歌がラジオから聞こえていた。佐知子は森の肌の匂いがただ好きなだけだった。

第5話

「あんなもん、正一合かどうかもわからん陶器のコップに酒を溢れさせてな、受け皿にこぼれた酒を飲ませようとする店はココロ知らずや、そんな店ほど酒を冷やしたりしとるねん、ヘッ」と、森が二軒目の店に向かう道中でねちこく言うのを、佐知子は森の靴の先を見ながらきいていた。佐知子は酒飲みのセコイ言動と接するのが好きだった。酒飲みならではの理屈を聞くたびに、うつつを忘れていく自覚などはなかったがステイステイとココロのなかでいつもつぶやいていた。

第6話

すでにタコができていた。なにか突破口を見つけたい時、佐知子はいつも手の甲を嚙んだ。吸うような嚙み方ではなく、手首から人差し指の根元にむかう血管をグガリッと音がするようにいつも嚙む。左手。あと二回寝れば日曜日がくる。それまで左手は、たぶん泣き続ける。日曜日の夜、冨美江がティファナから帰ってくる。八年前、森が伏見の松澤酒造のまっしろな長女と結婚した直後に冨美江は中書島の店をたたんでロスのジェリーのもとに行った。三日前、久しぶりに受話器をとれば冨美江からだった。

第7話

三日前に佐知子は先斗町の寿司屋でそれをきいた。鳥肌がたった。たまたま来ていたアサヒの坂下専務が脱がせた女を見るような目で佐知子の表情を見ていた。佐知子は、戻られたらぜひご一緒に店に来てくださいい、お会いしたいですわぁ、佐知子の口だけが動いていた。もうかかわりたくないと佐知子の肌が反応していた。坂下専務が冨美江の以前の男の一人なのも知っていた。佐知子は全身鏡に映った自分のハダカを思い出していた。ガリを口の中に入れた時、冨美江のあの匂いが甦った。佐知子は三六歳になろうとしていた。

『佐知子　外伝』

俺が右手の甲だけ汗をかいているとき。佐知子はスピーシーズになろうとしていた。夏の終わりは見たくないものが戻ってくる。佐知子もそれを知っていた。あれからなにかが変わったか。至近距離では相手が見えるから、瞼が肌で開かないぐらいひっついてほしいと、佐知子の中で佐知子はつぶやいた。

「時代小説を書く」宣言

『佐知子』も、ある日急にやめてしまいました。「終わり」とかじゃなくて、もう途中で書くのをやめて。完結も何もしてないのに。ほんでみんなが「お前なんでやめたんや」「どうなんねん、あれは」とか、まぁ言いよるわけよ。で、「俺はもうあんな変なんやめて、泣ける時代小説書くねん」って言い返した。

それで書こうとした。

けど、あまりにもその時代の生活のことがわからないし、江戸って言うても時期によって違う。生活の様式とか、浪人がたくさんいたのかいないのかとかね。たとえば、お酒が何文したのか。武士はどれくらい給金をもらってたか、町人はどうやとかな。その生活の基本ベースがまったくわからない。

書くにも書けへんわけよ。

で、それをいちいち調べたりするのは、今の俺の生活スタイルでは無理やと思った。それでやめてしまいました。

挫折や。挫折。

「診察室には女医がいた。」

時代小説はやめても、『佐知子』には戻らなかった。『佐知子』は未完のままやね。『たとえあなたが行かなくとも店の明かりは灯ってる。』（１４０Ｂ）に収録した「診察室には女医がいた。」っていう小説もある……。これはええ話だと思いますよ。「用意されていた膝下の映像。」「真智子は二度目の顔をしていなかった。」「目と口元と指先のトライアングル。」……うーむ。

そこに出てくる川崎、コイツは女医に診てもらうときに、自分で二の腕の辺を吸いよるわけよ。ギューっと吸うて、キスマークの強烈なのをつける。二つも三つも。気持ち悪いやん。で、女医は知らんふりしよる。そういう話です。

「診察室には女医がいた。」を書いてた時にうちの嫁さんがそれを見よった。そしたら「なんか気持ち悪ぅ」って言われた。そんなふうに思われるんかーと思うて、それでこれも途中でやめた。そんな気持ち悪ぅって思われるくらいやったらなぁ。やらないほうがいいと思った。

11

居酒屋・百練は行きがかりじょう、こうなった

バッキー井上といえば、酒場ライター、漬物屋「高倉屋」店主にして居酒屋〈百練〉主人。いよいよその〈百練〉ができるまでが語られる。

家主との出会い

二〇〇二年、〈百練〉は、完璧に行きがかりじょう始まりました。やろうともなんとも思ってなかった。居酒屋〈たつみ〉でその会館の家主さんと偶然逢って、ちょっとビールを飲んでしゃべることになった。初対面やった。一時間ほど飲みました。

そしたらいきなり、「ここに今、空いてるところがあるから、キミ、(居酒屋を)やりなさい」って言われた。

かっこいいんだよ。フランスにおられたみたいで、ミッテラン大統領のこともよく話しておられた。何年か前も、「ピースボートで半年ほど(海外へ)行ってくるから」と言う。「先生、なんでそんなん行くんですか?」って訊いたら、「いやぁ、スペイン語を覚えるんだよ。船の上は集中できるから」と言わはる。船の中は覚えやすいという理由で、三年連続で行っておられた。

いつも白のトレンチコートで、帽子がまたよく似合って。好物は、肉と漬物と赤ワインと熱燗《あつかん》。本も武士道の本やいろいろ書かれている。ペンネームは「海原峻」かな。『植民地文化史』とかね。教授をされてたはず。パリ大学で教えてはったみたい。そしてなんだかとても男くさいし。ほんとうにかっこいい方。

もう八〇歳は超えておられるから、俺が出会ったときは、六〇代くらいかなぁ。一〇年以上前になる。

それで、「やりなさい」って言われたけど、俺は「はぁー」と言うしかない。「ほな、一回見せてください」と言って見せてもらった。その場所はそのとき空き屋で、歯医者の跡やった。おばあさんがやってた歯医者。百練は今もベニヤみたいな壁やろ。あのまま歯医者やってはったみたい。

お茶漬からスタート

キチッと仕事をするタイプのナイスガイと二人で始めた。「ええ加減なことはやめておこう」「できることだけをキチッとしよう」というスタンスで。

俺らは基本的に専門的な料理がつくれない。まぁ、つくることはできるけど、キチッとした修業を積んでないし、料理屋さんのようにはできない。

だから、できることだけをして、適当な料理をつくって出すということはしないルールにした。酒も一種類、焼酎も一種類。いろいろ置くのはやめよう、スタンダードなものをよく選んでひとつだけ置こう……と。

シンプルに、酒と漬物と錦市場で売っている鮭のカマ、塩鯖、泉涌寺のコロッケだけにした。それに、白飯があればええ。そう思って始めたけど……全然あかんかったなぁ。

お客さんは来たけど、難しいよね。漬物と酒だけでは……。たとえば何人かで来るにしても、そのなかにあんまり飲まない人が一人いたら、「あそこ行っても漬物と鮭のカマくらいしかあらへんしな」となる。その段階でそのグループは来なくなる。漬物だけで酒をクッと飲めるような奴ばっかになるわけや。そんな人、人口比率にしたら〇・〇五パーセントくらいちゃう？　二〇〇〇人のうち一人くらいやで。そういう人たちを対象にしている店なんてないよ。

だからといって方針転換したわけでもなく、その後も行きがかりじょう的に百練は変わっていくんやけどね。

「鍋は……（自分らでつくってないから）セーフ！」「湯豆腐は……セーフ！」っていうふうにやっていった。今は、ちゃんと修業してきたスタッフがいるんでちがうよ。そのときは、そういう経験を積んだ人がいない状態でやるのは、横着やと思っていた。

焼肉の悲劇

「鍋はセーフ」。というわけで、鍋をやっていたけど、売上げが伸びない。それで焼肉をやった。焼肉屋風に改装もした。

俺がやりたかった焼肉があるんです。

肉を小さく切る。ミノやらウルテやいろんな部位の固い系をメインに、肉を小さくする。それを網に置いて焼く。

で、そういう焼肉屋をやった。カンテキ（七輪）をテーブルに付けて。そしたら……。

お客さん、怒り出した。

「お前んとこの肉小さいしスグ落ちてしまうやんけ！」

なぁ。

もちろん、落ちないように切ってんねんで。落ちないような大きさで切ってるけど、焼けたらちょっと小さくなるし、大きい某所の肉に比べたら落ちやすかった。
焼肉屋をやったねぇ。

そういえば、オープンの前日に、「練習やー！」といって練習をした。〈アジェ〉っていう焼肉屋のマスターたちも来て。別に教えてもらったわけじゃなく、たまたま来てくれたんだけどね。そうして練習していると火災報知器がジーンと鳴った。けど、止め方がわからない。というか、火災報知器が鳴ってるいうことは、どっかから火が出てるのか、何かを感知しているわけやろ。なら、止めたらあかん。だけど火が出てる気配はない。

しばらくしたら、河原町の高島屋の辺に消防車が五台くらい止まった。消防隊員の人らが、あの細い道からホースを一〇人以上で持って入って来た。「ホッ！　ホッ！　ホッ！　ホッ！」みたいな感じでね。ドンドンドンッと上がってきて「どこですか！　火元は⁉」と言うから、「……わかりませんねん」と俺は間抜けに言った。「でも報知器が鳴ってる」とね。

結局、あれは煙がモクモクになり過ぎただけやった。報知器が煙を感知した。そういう店にはそういうタイプの感知器を付けるべきじゃないらしい。でももともと付いとったからな、知らんかったんや。

スパイ失格やな。ただの間抜けや。

「割烹」始めました。

それで、チョット萎《な》えた。

まぁ、せやけど、がんばってやったんです。それまで干物やら漬物やらでやってきた百練からしたら、びっくりするような売上になった。「へえー!」ってなるくらい。

でも三、四カ月してやめた。元に戻した。百練は焼肉屋をやるべきじゃないと思った。

なんでかって?

……。やるべきじゃないと思ったねえ。

いや、ほんま。

そのあと、「割烹《かっぽう》」を謳ったこともある。

「割烹」。あの歯医者の跡地で「割烹」。

「割烹」とは、客を見て、客の求めるものに合わせていろいろと適当にやるもの。「それなら俺でもできる」と思った。料理ができない時点で、矛盾してんねんけど。

矛盾してることこそ魅力の原材料や。

で、やったねぇ、割烹。でも俺は料理ができないから、カウンターのコンロの上に小さい鍋を置いて、その中にいろんなもんを入れた。それだけの話なんやけどな。あれで「割烹」名乗るなと、割烹の人怒ってきはるわ。

毎日そこに立っていた。漬物屋は五時に上がって、それから百練に行ってました。けど、そんなことは長くできない。ようやくスタッフが見つかって俺が立つのはやめた。

店はしっかりした個人がいないと難しいね、飲んで食べてもらうところは。

ともかく、焼肉のほうが破壊力があった。「割烹」というても意味わからへんもん。何食べさせられるかわからへんやん。

ほんまに意味がわからへん。

全部許して飲もうじゃないか

百練の一〇周年のパーティを四条大橋の南側にある中華料理店〈東華菜館〉でやった。若い頃からやってみたかったところ。そこの四階でやらせてもらった。

エレベーターが鉄の網でできた、日本最古のやつ。ガシャンガシャンって動く。店の人じゃないとエレベーターは動かせない。昔の重厚なエレベーター。

六月の五時くらいからやったんで、まだ陽が落ちてないうちにスタートした。それで窓から鴨川や東山が見えてね。だんだん陽が落ちていく街場ならではのパーティ。始まったときは昼のように明るいんやけど、陽が落ちていって夜になって、最後のほうは沖縄のカチャーシーみたいになっていた。なんでもええからとりあえず踊る。踊ってしまう空気。


俺、司会兼主催者やろ。貸衣装で借りた白のタキシードを着ていた。で、宴会が始まる前からすでに赤ワインだらけになっていた。

来る人来る人に言われたよ。「バッキー、それ貸衣装なんちゃうの？」

みんなそればっかり。自前だと思ってくれよ。「そのタキシードよう似合うな」とか、誰も言わなかった。その貸衣装屋さんの社長も俺の知り合いで来てくれてたんやけど、「ウワッー、もうええしー」と言ってたわ。俺が酔ってこぼしたんちゃうで？ グラスを持って歩いてたら、いきなり後ろから肩をたたかれたり、人いっぱいになってきて当たんねん。

パーティのタイトルは「人生一度きり」。スローガンが、「全部許して飲もうじゃないか」。

な？　だからワインこぼされたことも許して飲むんや。

ほんま最後はカチャーシーやったなぁ。東華菜館で、一二〇人くらいがグワーってなってた。

災い転じて福（先輩ゴメン）——世の中にオンリーワンの先輩と「聞いて語る祭」

俺のコラムの中に、「パ・リーグの男」という名前で出てくる男がときどき百練を手伝ってくれていたときがあった。でもあんまり役に立たへんのよ。基本的には愛想悪いし。ええ人には愛想ええし、けど興味ない人には愛想悪い。当たり前か？　そうでもないな。でもまぁ先輩は人相もこわいしね。

そのパ・リーグの男は、昔ＤＪやっていて俺よりひとつ年上の人で、音楽の含蓄はいっぱいある。だから音楽の話を振ると、ものすごいおもろい。他のお客さんも喜ぶしね。それならとりあえず、先輩が週に一回入ってくれているその日は、レコードかけてそれをネタにみんなでしゃべったりするようなことをやろうと思った。それが、毎週恒例になってる「聞いて語る祭」が始まるきっかけ。行きがかりじょうやね、これまた。そやし、その役に立たへん先輩がいなかったら、始まらなかった催しや。この人のこの面白い側面をなんとかしようと思った結果で始まった。

けっこう流行ってね。木曜日になったらものすごい人が来るようになった。もう満員。マイケル・ジャクソンやったときなんか、床が底抜けるかと思った。席数二八やのに五〇人、いやもっと入ってたかな、二〇人くらいが立って飲んで。階段の辺まで入って、立って飲んでスリラーを歌っていた。……音なんかまったく聞こえないのにね。

まぁ、あれやね。「災い転じて福」。（先輩ゴメン）

今は百練にパ・リーグの男もいないし、俺がアーチストを選んでいる。前の日からは決めないで、当日に決めることにしてる。当日にいろんな要素を反映させたいしね。天気やら事件とかなんかいろいろあるでしょ。そういうのを全部加味して、「なんかこれがええんちゃうか」ってやっています。

毎週メールで告知するのは、一回目からずっとやなぁ。一斉ではなく携帯から何人かずつメールで送ってます。ほんまに奇妙なことやってるよなぁ。もう二〇〇回くらい。そのうちライブも何回もやってるしね。

こんなメールです。

百練恒例聞いて語る祭、第185回　プリンス

こんにちは。バッキー・イノウエです。なんだか城達也になった気分です。いきなりすみません。

ゆうべ隣り合わせた方と話す機会があり終戦の時に何をされてたんですかとお聞きすると、駆逐艦に乗っていたよ、艦上でラジオを聞いたと云われました。そして笑ってロックグラスの中の酒を飲み干されました。酒場は素敵です。

ジェットストリームはミスター・ロンリーでしたが今宵の裏寺・百練はあのプリンスです。

出てきはった時は正味しびれました。あのロックというかファンクというかプリンスならではのスタイルに引き込まれました。裏寺にファンク時代到来というニュースはありませんが、少しずつ変化してきていて素敵な街になってきています。

さあ今宵の百練はお盆だけれどプリンス！　もちろん相手にとって不足はありません。

そう言えばこのあいだ「深夜の油地獄ヒストリー、その1」。というコラムを書きました。

「朝飯と昼飯と晩飯がある。少し前まではそこに夕方の麺類と真夜中の油地獄があったがあまりにもひどいことになったので、頑張って夜中の油地獄への誘惑を断ち切った。俺は二十歳過ぎからこの夜中の油地獄が大好きだった。昼飯よりも晩飯よりも好きだった」。こんな話です。

まだまだ我々行けます。行かなあかんのです。さあ行きましょう。カマンベール。

2013/8/15

「カマンベール」はどこから来たかって?

そんなん決まってるやん……チーズやんか。チーズチーズ。

酒場を「書く」奥義
12

各著名人が「天才」と絶賛するバッキー井上の酒場コラム。あの数々の名文はいかにして生まれているのか。その奥義がいま明らかに……

酒場ライター養成講座

百練を始めて何年か経ってから、「酒場ライター養成講座」というのを始めたんですよ。誰かに要請されてということではないんやけど、いきなり始めました。

それが何になるのか、やればどうなるのかをあまり考えることなく、突然始めたんです。考えればできなくなることが多いしね。俺が何か話をするだけのことやし、まぁ、やってみようということで始めた。「レッツ・ビギン」飛び出せ青春やね。

来てくれた人たちは年齢とかもバラバラで何をしてるか不明な人や会社員の人、出版関係の人、カメラマン、ライター、広告をつくってる男……そんな人たちが何を思ったのか、たくさん来てくれました。講座はちゃんとしました。毎回五、六ページのテキストもつくって。なぜ来たのかはっきりわからないから、来てもらった人との共通項を探すのが毎回大変でした。新聞に載ってるような話は苦手やし。政治の話も、経済の話も、社説のネタになってるようなものをネタにするチカラもないし。

来てる人と自分との共通項は何かを考えて話をするでしょ。「何飲んでんの?」「何食べてるん?」とか、身近な話をしながら間合いを取っていくのかなぁ。

そのときに、「おちょこと顔の相関性って知ってますか?」とか「俺はカッター四段なんです」とか、そういうことをよく言ってしまう。

カッターの使い方、知ってますか?

カッターって、使い方によって全然切れ方が違うんですよ。カッターの刃は寝かせば寝かすほどよく切れる。刃を立てると悪いことばっかり起こる。切れないし刃が折れるし、定規を添えてたらそれを乗り越えていったりして指を切る。でも寝かすとね、定規からズレたりしなくてとてもよく切れる。切れ味が悪くなったら刃をポキポキ折ることも大事なんです。そんなことを話しながら講座の空気をつくっていきます。

壁をコテで塗るように書く

取材するときのメモは字が小さいほうがいいと思う。そんなことをしゃべっていると「井上さんは、どんなふうにコラムを書いてるんですか?」とよく訊かれる。それで「どんなふうにって言っても、俺には手法なんてありません」って答えてた。けど、それではちょっと不親切やし、話も終わってしまう。

そやし、「土をコテで薄く塗るようにして壁をつくるように書いていく」と答えるようになった。

ほら、俺、漬物屋もやっていて、あまりゆっくり座ることもないし、何かしながら書いていかざるをえない。ちょっと書いてまた次の日に書き足して……。ピューって書いてまた仕事しに行って、きゅうり洗《あろ》うたり白菜洗うたりしてまた戻って来て続きを書く。で、そのまま飲みに行ったりして、明くる日、また続きを同じようにして書く。そうすると気が変わることもあるし、やり直すのはかなんからチョイチョイ書きをする。

一気に書こうと思うと手や頭がフリーズすることも多いので、そうしてんねんけどね。そのほうが、短いコラムの場合は書きやすいよね。

ずーっと書いてても、途中でなんか嫌になったりするやん。そうしたらイチから書き直すの損やろ。そこでまた「損や」っていう概念が出てしまう。そやし、壁にレンガを積んでいくのではなくて壁に薄く何層も何層も塗り重ねていってレンガと同じ厚みの壁にする。そういうやり方をしてるということを話してるかなあ。

書きたいことはない。書く使命感もない。

『ミーツ・リージョナル』のコラムでもそうなんやけど、別に書きたいことってないねんか。書く使命感もない。でも枠というかスペースが決まってるから、その枠の中に何か書いていかなあかん。

メモ取るにしてもよく飲みに行ってた二〇年くらい前は、今みたいに文章を記録するケータイなんてなかった。

それでバーのコースターの裏にメモをしていました。どうせメモ取るなら、箸紙よりコースターのほうが丈夫やからね。明くる日になって、うどん屋の箸紙に書いたもん見るの、なんか情けないもんがあるやろ。それにコースターの裏に書いてもお店の人に許してもらえるようにする。これもまた重要なところなんです。

そのメモは、ゆうべのゴキゲンのシミみたいなもんです。明くる日になって、それを水で薄めてブワーっと延ばして原稿にする。夕べの汚いもんとかシミを、水や石鹸で延ばして復元させて用意された枠に近いボリュームにする。そんな感じで書いてます。

でも、パッと自分自身で白けることがあるんです。「結局、ひとりで地団駄を踏んで情けないことばっかり書いてるただのもっさい男やんけ、俺は」。そう思いだしたら、書きたくなるわけですよ。やめたくなる。

そうなれば損やし、かなんからシュッと書く。

大きいシミをぐわーっと引き延ばすんじゃなくて、小さいシミをちょっとだけ延ばしてパッチワークみたいに継いでいく。

パッチワーク人生

……そう言えば、俺パッチワークの服ばっかり着てる。

この前、ここへ話しに来たときに着てたのも綿のパッチワークの服やし、その前は革のパッチワークの服やった。つぎはぎのパッチワークみたいな服を見ると思わず買ってしまうという。そんな習性があるのかもしれない。

パッチワーク人生や。

あのパッチワークの服も小倉に行ったときにたまたま入った古着屋ですぐに見つけて買った。いろんな色の革を一枚ずつ、ほんまにパッチワークしてる服。安かったなぁ。

小倉にみんなで飲みに行ったとき、昼からウロウロしていたときに見つけた。

まぁ、そういうふうに、「小さいシミを延ばして原稿にしていく……」と酒場でしゃべってると、みんな「へぇー」っていう感じやったし。あー、それなら「酒場ライター養成講座」を開講しなあかん。そう思って開講したわけです。「大リーグボール養成ギプス」と語感が似てるでしょ。

教材はてっさ。実習はバー。

ちゃんとテキストも作ったよ。

初めは一六人来たかな。一回目は二〇〇〇円一ドリンク付き。なんかライブハウスみたいやろ。二時間くらいジェスチャーも交えてしゃべりました。裏寺の百練で三回やって、四回目は大阪で開講しました。しかも〈ヘミングウェイ〉っていうゴキゲンのバーで。二回目は、てっさ半人前付きで三〇〇〇円でプラスひれ酒一杯付き。てっぴもちょろっと付いてる。「熱燗っていうものは……」と俺が語りながら、てっさをつまんでもらう。そしてポン酢遊びについて講義していました。

三回目はきついことになった。陶芸家の友人に頼んで、五寸くらいのお皿に、俺が一枚ずつ字や模様を描いたものを焼いてもらった。それを三〇枚か四〇枚ほどカウンターに置いといて、受講してくれた人に「必ず一枚買って帰ってほしいんです」と案内をしたんです。抜群な出来のものやかっこよくできたもの、まあまあのもの、もうひとつのもの、最悪やなっていうものと四つに分けて置いたわけです。かっこええのは一枚一〇〇〇円、五〇〇円、もうひとつのは三〇〇円、二〇〇円……っていうふうに。

そうやって四つに分けて売価も変えたんやけど、みんながガチャガチャ見て選んでいる間に混ざってしまって……。皿の色はみんな一緒やからね。混ざって、もうどれがどれやらわからへんようになった。

でもまぁ、全部売れました。全部売れて儲かった。講座料をもらって、なおかつ一人一枚以上買ってもらったので、三万円くらいになった。「じゃあ、実習に行きましょう」と、そのお金でみんなを連れてバーに行きました。「君ならここの何をメモしておきますか?」とか言って、コースターに書いたりしてね。

そんなんやってたんですよ。だいぶイカレてるね。

料理の取材は嫌です。

取材の奥義については、けっこういろいろあるけどね。

料理の取材は好きでなかったねぇ。俺には向いてなかった。俺の書くものに、料理そのものはあんまり出てこないでしょ。料理そのものを書かない。まぁそんな仕事もしたことあったけど……興味がない。

料理の記事って、「どこの店のどの料理がどういうふうにおいしくて、どういう価値があるか」みたいなことにならざるをえない。だいたい、写真のために料理をつくってもらうけど、写真を撮った後はもう気が抜けてまったくおいしくないからね。おいしくないし食べたくもないねんけど、「いやー、おいしいですよー」と言って食べなあかんしね。食べなあかんってことはないけど、やっぱりねぇ。

でも、それは仕事でおいしいってことであって、食べるために行っておいしいってわけじゃない。仕事でいただいておいしいっていうのと、食べに行っておいしいのはまたちゃうからねぇ。

気配を消す。店と同化する。

あ、奥義ね。

料理関係には、奥義は見出せなかったけど、酒場取材には、見出せたね。まずね、気配を消すんです。

わりと俺、気配の多いタイプなんやけど、バーとかスナックの取材では、気配を消す。「シュッ」っとね。

うーん、カウンターか何かと触れてないと、やっぱりダメやね。何かを持つ、動く。その店の動作に合わせる。モノを持ったりすると、そこからギューッと店の本体というか店の核心とつながっていくんちゃう?

じっとしてると逆に目立つ。目立ったら普段と違う店になるからね。いつもと違う店になったら、その店のこと、あんまり伝えられないよね。

そやし、メモも小さいメモで、取材をしてる相手にも他の人にも絶対見えないようにする。昔からあるハガキの半分くらいのサイズのメモ用紙があるやろ。一枚ずつピリってはがせるやつ。あれを、よく使った。紙を見ないで書くから、帰って見たら何書いてあるのかほとんどわからへんのやけど。

「ポテトチップが泣いている」——その店の何かを見つけること

「その店にいる間に、核心を必死で探しながらいっぱいいらんこと書いておく」。これは奥義やな。

店にいるその瞬間に、文章を書くのとは全然関係ないことも、全部メモする。描写しておくんです。張ってある洋酒のカレンダーのこと、それが少し歪《ゆが》んでいる、どのウイスキーの隣に何のウイスキーがある、そのときドアが開いて女の人が入ってきた、その人が何を注文した、とか。そういうことも含めて、何もかもメモしていく。そうしたら、原稿を書くときに、わりとその時空に戻れることが多い。

結局、店を取材することは、その店の新しい何かを見つけることですから。その店のありのままを写すんじゃなく、「この店はこうなんちゃう」というのを見い出す。まぁ、横着やけど、そうやないとね。店そのものはそのものなんやけど、取材した人間なりに、その一面を見出すということがないと、オモロないよなぁ。

神戸かどこかのバーを書いた文章の半分以上が、昼に飲むことのためらいとポテトチップのことだった。「ポテトチップが泣いている。昼の酒は夜より近い」と書いたな。

濡れたことを書いてるから摩擦がないし、怒られない。

俺とよく一緒に取材をしていたカメラマンも、けっこう気配を消せる奴やった。超有名どころのいろんなバーのマスターによう褒められていたね。バーのマスターの中には取材なんかに厳しい人もおられたけど、「キミらはいつ撮影しに来てもいいよ」と言われた。俺もそのカメラマンもその店のその時間の空気を察知するんやろうな。三脚を立てて撮影していても、カメラマンがどこにいてるのかわからなくなるくらい店と同化する。空気が変わって邪魔になりそうなときには瞬時に片づけている。そういうことを、空気が変わる前に、彼は先に察知して動いていたんちゃうかなぁ。

取材で横着なんはあかんわな。横着な人いるよねぇ。

しゃべりかけるのもタイミングが大事ですから。時間を取ってもらって、別室で正対してしゃべることは、僕らの仕事ではあんまりない。現場の中に入って行って現場の中で話を訊く。本番中に訊くって感じやね。

でも、「ポテトチップが泣いている」とか、勝手なことを書いても怒られたことなかった。変に言えば、「ヌメーッ」とした濡れたことばかり書いてるから摩擦がないんかな。「濡れた」を使うとサザンの歌みたいやな。サザンのコンサートはとてもいい。

第六夜

余談になるが（みんな余談だが）、可処分所得（古い言い方やけど）の一二〇パーセント以上を酒場につぎ込んでいる奴らあるいは人たちには、二十一世紀に花咲く文化の担い手あるいは行き場をなくしかけている煩悩の守り人として、ＩＴ関連のように補助金や助成金を出してほしい。いや、出してあげてほしい。出してもたかがしれてるぜ。一人につき年間二〇〇万も酒場通い補助金を支給すれば夜の街はあふれかえり、夜の街のオンナの人は昔のようにお高くしていてもらえるし服屋も鮨屋も大繁盛。恐い奥様がいて夜は飲みに行きにくい人たちや宵の口の酒がうまいことを知っている人たちも再び元気になるので五時や六時からしか開けなくなっているホテルのメインバーも昼からやりだすはず。「なんで俺がパソコンのキーボード叩かんとあかんねん、そんなもん」の大合唱が街にこだまし、街中の扉のヒンジがゆるむはず。あー、考えるだけでたまらん。これはゴーだろう。

二〇〇二年

13

磯辺の生き物として

バッキー哲学の神髄――「なんでも」「ええから」。それは、時代が真に多様であるため、つまり、磯辺の生き物としてかっこよく生きていくための哲学でもあった。

多様な進化は、とても素敵。

百練を始めてから……なんていうかな。うーん、「できるけどこわれてる、こわれてないけどつぶれてる、優秀だけどスパイ度ゼロ、スパイな顔してるけど頭悪い、そしてとても進化中の生き物な感じの人がこんなに世の中にたくさんいるのか」って思った。とても素敵。

お客さんの層がとてもええと思う。

とてもいい人っていうか、「あぁ、こういう人がたくさんいはるんやな」って思った。俺らでもそうなんかもしれんけど、一回おいしくなかったり、店員のサービス悪かったり、そういうことがあると、行かなくなりがちでしょ。

でもね、それは、あかんと思う。

それで行かなくなるのは、「ヘンコ・リスト」に入るタイプやと思う。百練のお客さんが、少しでもあるいは一度でも気に入らないことがあるとその店に行かなくなるという人が多かったら、今頃は百練にお客さんはいないと思う。一回は何か落ち度があったはず。それでも来てくれる。それを考えると、とてもよいところで住まわせてもらっているという感じがする。

「大将替わってから味が落ちた」とか、そんな話をよく聞く。それだけ細部を感じるほど愛があるのかもしれないけど、本当はそれでも行きつづけるべきなんちゃうかな。

子どもたちに「一回まずかった店にはもう二度と行ったらダメなんだよ」と言ったりしないでしょ……そんなの、子どももかなんて。一回なんかあったら許さない。そんな子どももかなんし、そんな子どもに判断されるのもかなんわ。

「ええから」の空気

店をやっていると、どうしても粗相《そそう》があるんですよ。完璧にはできない。やらなあかんねんけど。

頼んだものが来るのが遅かった、注文したいのに店員がなかなかこっち見なかった、もうちょっと焼いてほしかった、ビールがもうちょっと冷えてたら良かったのに、とか。

まぁいろいろとある。

基本的には、そういう粗相とか、チョンボがないように一生懸命訓練しているんだけど、それでもそれが起こったときに、なんとか許してもらわなあかん。そやないとまた来てもらえない。それには、許してもらえるというか、許してもらおうとする姿勢みたいなのがいる。店の感じがそういうふうになっていくほうがいい。

自分の店の言い訳みたいでかなんけど、そうじゃなくて、その「許す」「許してもらえる」というふうなことを、「まぁええから」みたいなふうに思ってもらえる街のほうがええと俺は思う。

「まぁええから」――「ええから」とか「つべこべ言わずに、もうええから」とか言うことは、「ええから」と言う人が責任を取らなければいけないということ。「ええからやれ」「ええから行こう」「ええからここで飲もう」と言うのは、相手と吟味《ぎんみ》して、「ここに入ろう」「行こう」「これをしよう」ということじゃない。「ええからやろう」というのは、その「ええから」って言う人が責任を取っている。

「ええから」って言われてやってみたり、行かされたりして、それで何かがわかってきたりする。けどそこで、「あの人から『ええから』と言われて入ったのに、望みと違う結果になったので許せない」というスタンスを取ったら、その人にはもう二度と「ええから」って言えなくなる。

だから、うまいこと言えないけど、一生懸命やっていて、それでも何か粗相があった時は何とかして気をよくしてもらおうとする態勢、空気があって、それがいつもあることで、来ている人の居心地もよくなるような気がする。

求めたらあかんわねぇ。求め過ぎたら。

結果はピリオドじゃなくて、コンティニュー

誰かに「ええから」って言われるまま何かをやるだけで、結果知らずのままやってることになる。

何かやれば結果が出てそれによってまた何かが起こったら、その「結果」はもう結果じゃない。ただのプロセスの一部になる。

そやから、「結果が出た」というのは本当はまだ出てないんや。結果が出たら、その次が始まっているからね。

結果ってピリオドじゃなくて、コンティニューや。……あ、カンマか。

俺なんかほんんま、百練でも錦・高倉屋でも、結果なんて出えへんしね。次から次へと

いろんなことが起こる。

今年は強烈な雨が多い。半月ほど前も、とゆ（樋）から雨水が溢れた。とゆが水を流す量よりも、雨の降る量のほうが多いから、店の前に水がバーっと落ちてきた。アーケードの中でもバーってなる。何度もそうなったらあかんと思い、とゆを完璧に掃除した。もっと流れがよくなるようにね。そしたら、この間、ほんまに真横から雨が降ってガーって吹きこんできた。そやし、とゆを掃除したのも、全然意味あらへん。「いろいろあります、いろいろあるんです。」やな、まさに。


今思ったけど、結果って、あんまりあらへんな。

うん。結果って、自分で勝手に決めてるだけで、全然結果じゃない。全部、「つづく」やな。結果って、自分で「これが結果や」と思っているだけで、まったく結果じゃないよなぁ。

手間は減らして手数を増やせ。

他の店のことはわからへんけど、うちのところは「やってみようか」みたいな雰囲気がずっとある。

変えるのって、考えることも多いし、コストも時間もかかるし、なかなかエネルギーいるやろ？

きっかけは、こっちのほうがちゃんとできるとか、安定するとか、手間が掛からないとか、安くできるとか、そういうのが動機になるんや。けど、何もなしに手数を減らすっていうのは、やっぱりロクなことがない。

手数を減らすっていうのは、ロクなことがない。

何か理由があって、結果として手間が減るっていうのはええけど。手間が省けるとか、手間が減るっていうのはええんやけど、手数は減らさずに、増やしたほうがええ。

手数って、アクティブな手の動かし方って感じがするんやけど、手間は、ネガティブな動きっていう感じがする。手間は減っていったらいいけど、手数は増えていくほうがいいような気がするなぁ。うまいこと言えへんけど。


中途半端でもいい。手を動かせ。

何もかも中途半端な気がすることが多いと思う。でも全部が中途半端かって言えば、そうじゃないと思うよ。

まぁ極端に言えば、俺なんかもう中途半端のパッチワークみたいなもんでね。中途半端でもいい。中途半端で終わってもいい。もちろん、一〇〇パーセントにするために、という考え方も持っている。中途半端で終わりたいっていう考えは持ってないし、一〇〇パーセントにしたいっていう気持ちも強くあるけど、結果として中途半端になってしまうことはある。それは悲観すべきことじゃないと思う。

それを悲観してしまうと、手が動かへんよね。やっぱり手が動いたりしないと、もう……怖いよ。

内田樹先生が書いておられるようなことを知る以前からね、「手が止まると負ける」みたいな感じがものすごくあった。そやからとりあえず、考えられないときや考えてもあかんとき、非常にピンチな状態になったときは、やっぱり手を動かしてなんかをする。それでまぁ、今になって内田先生の本に出会って読んでいたりすると、武道的にも「居着く」のはあかんって書いておられる。同じことやなぁ。「居着いたら負ける」っていう気がしていた。

ほんまに俺たちはええ仕事させてもらっててね、常に手を動かしたりできるやろ。何もなくなったら樽を洗ったりとか、糠《ぬか》を混ぜたり。手を使う作業ってたくさんあるんでそれはごっつ助かってる。

なんやろなぁ。考えても何も思いつかへんときってしょっちゅうある。そんなときはうどんを食いに行ったほうがええと思う。夜中に行く「マンモス西」的なうどんはあかんけど。

水のあるところに生き物は寄ってくる

長いこと、街の店に飲みに行っていて思ったことをコラムによく書いてます。で、書いているうちに、どこの店でも共通することがあるのに気がついた。

「水のあるところに生き物は寄ってくる」

そう思った。

特に俺が好きなのは、湯気《ゆげ》。これは個人的にものすごい好きなんやけど。店の中にバッと入ったときに、湯気がどこかから出ている店がものすごく好き。

「水のあるところに生き物は集まる」って、要するに俺なんかはその湯気に引き寄せられてる。まぁ、俺は寒さに弱いし。乾燥してるのもつらい。そやから動物的に湯気が好きなんやと思う。生き物的に。

それとは反対に綺麗でピシーッとしたバーとか、白木のカウンターの割烹とか、綺麗な居酒屋があるけど、そのシュッとしたスクエアなところに絵になる収まり方の人ってわりと少ない。でもスクエアなところほど磯辺の生き物は行ったほうがいい。特種な生き物は絵になるから。


「スター・ウォーズ」に、ヘンな星のバーみたいなところ出てきたやろ。いろんな宇宙人がいて、同じ形の奴が全然おらへんようなバー。

ヒュッとスクエアなとこに、普通の人がいてもけったいな形に見える。

ひとつひとつ別の個体の生き物として見てしまう。個体が判別しやすくなるっていうかね。グニュグニュした感じ。俺はいったい何が言いたいんやろ。

ああ、そういえば、歩きにくい磯辺みたいなとこには、ヘンな生き物がいっぱいおるでしょ。フジツボやらいっぱいおるとこに、カメの手みたいなやつもおるし、イソギンチャクやらヒトデやらウニやらフナムシやら、カニもおるし、さまざまなカタチのサカナやいろんなもんがおる。

ノベーっとした砂浜にもいろんなものがおるけど、基本的に磯辺よりも種類が少ない。

ああいう波がくしゃくしゃってなるようなとこが一番多いんちゃうかな？　深海とかも、そらぁいろいろ不思議なカタチの生き物がおるけど、それより磯辺のああいうところのほうが多そうな気がする。変化が多いもんな。

みんな変わってる

回遊魚から磯辺の生き物に転身していった人らもたくさんいるのちゃうかなぁ。ほとんどの人が、ほんとは「スター・ウォーズ」のあのバーに集まってるような人やと思う。人とちょっと違う生活してる、変わった仕事してる、志向性がちょっと変わってるとか。または毎日決まった時間に決まった仕事をしている方でも、「スター・ウォーズ」のあのバーに出てくるのだと思う。

昔から、「あの人変わってる」という表現をよく聞くけど、俺は全然変わってないと思う。変わり方は誰もがマッチイーブンや。みんなそれぞれにめちゃくちゃ変わってるんで、あの人変わってるっていうのはありえない。みんな変わってるんやからねぇ。同じような人、見たことないもん。「この人とこの人なんか同じやな」ってあんまり思ったことがないな。一人ずつ、全部変わってる。

百練によく来る美人の女性でちょっと背が高い人がいる。その人、よく食べてよく飲むタイプの人でそれで色白なんで、俺は「シロナガスクジラ」って呼んでます。ほな、他の人もその人のことを「シロナガスクジラ」って言うようになった。はじめは抵抗があるようやったけど今は抵抗ないみたい。でもまぁ、ザトウクジラよりええやん。女でマッコウクジラって言われたらかなんでぇ。

14

かっこええ生き物として

街の中には「かっこええ」大人たちがいっぱいいる。バッキー井上もまたその一人であるのは間違いない。だから今日も井上は踊るのだ。

いつも同じがかっこええ。

祇園祭で俺も神輿《みこし》を担がせてもらってましたが、祭りが終わってからみんなで着替えて飲んでる時に昔のケータイでコラムを書いてた。ほんま。今日も、このすぐあとで居酒屋で書かなあかん。今度は『ミーツ・リージョナル』の原稿を。ほんまにあんまり机に座る暇ないんや。

『dancyu』の連載コラムも、変なん書いてしもた。ええフレーズが出てね。

……五〇、六〇歳の人らって、実はちゃんとしたオッサンになれてへん奴が多いんちゃうか。そう思って、「最近の男は」「オッサンになれてない疑惑」みたいなことを書いたんです。「ちょいワルおやじとか、エグゼクティブテイストとか、そんな中年はオッサンと違《ちご》うて、年のいった男の子や」って。「オッサンは新しい店の蜜を求めず、同じ皿を見つめ……」な、チョットかっこええやろ。まぁそんなんや。

年がいった男の子から、おっさんへの脱皮を目指そう。

最近、おっさんたちがみんな現場に戻ってきている。ハタチ前の連中にとっては四〇過ぎもおっさんだけど、ここでいうおっさんは五〇、六〇代。じつはこの人たち、ちゃんとしたおっさんになれていないという疑惑がある。俺も五〇代半ばだ。どこかそれに気づいてこのままではダメだと現場に戻ってきているのか。現場は人を育ててくれるのだ。遅くはない。

自分のことよりもチームやメンバーのことを優先させてしまうが故に苦い思いや無用なやるせなさのさざ波によって顔にシワを刻みこんでいくのがおっさんだ。

お洒落を求めるのもいいがちょいワルおやじだのエグゼクティブテイストだのはおっさんではない。それは年がいった男の子だ。うまい食い物や有名な店が好きで、1カ月前から予約をして行くタイプもおっさんではない。それはおばさんだ。

おっさんは自分だけの服を着ている。安物の服であってもその服がバーのハンガーに掛かっていれば「あ、森さんが来ているんだ」となる、服は身体の一部になる、それがおっさんのスタイルだ。

俺が子供の頃から映画を見てフラフラになった刑事やワルやダメな男や危険な男は必ずいつも同じ服を着ていた。そしておっさんはいつも同じ店に行くのである。新しい店の蜜《みつ》を求めず、同じ皿を見つめ変わらぬグラスの酒を飲み、背負ったものをちょっとそこに置いて一服する赤と黒が混ざったかのような男、それがおっさんだ。

街や店に何かを求めずそれに同化することによって仲間や家族や後輩に限度の線を示す赤と黒のおっさんを目指したい。

真夏の夜の四条辺りの鴨川。思わぬ祭に道を阻まれた男は行き先を変える。それはシアワセなことだ。そこから行きがかりじょうが始まるのだ。

（『dancyu』二〇一三年九月号）

たとえば、「刑事コロンボ」。あのコロンボもいつも同じコートを着てるやろ。服が身体の一部になっている。皮膚みたいなもんで、もう着替えたりしない、基本的には。同じものをいっぱい持ってはんのんちゃうかな。

俺もわりとその傾向がある。

冬やったら、ワンシーズンほぼ一着のジャケットしか着ない。

俺が「この人かっこええなぁ」と思う人は大体そんな感じやなぁ。その人がバーに来てたら、そのコートがハンガーに掛けてあるのを見るだけで、「あ、何々さん来てる」ってわかる。それがもっさいコートであっても。それって、ごっつかっこええ……まぁ、生きてて値打ちあるよな。見ず知らずの人がコートを見ただけでその人のことが頭に浮かんで、「あ、何々さん」って名前まで出てくることがあったら、それは生きてて値打ちがあることやと思う。

いろんな店に行くこともいいけど、いつも新しい店でいつも新しい蜜を求めるってつまらないし、かっこ悪い。想像したらね、……俺は漫画は描けへんけど、なんかこう……新しい蜜を求めて店に行く人を描くとすれば、気持ち悪い顔に描いたりするんやろなあ。ガマみたいな。ジャバ・ザ・ハットみたいな感じとか。まぁ少なくとも、「スター・ウォーズ」で言うたら、そういうタイプの人はジェダイではないわな。

ジェダイっていつも一緒の格好しとるやろ。そういうたら、なんかすべて辻褄が合ってきたな。

かっこええおっさんはかっこ悪い。

ほら、俺のとこのTシャツの裏に木村英輝さんが描いてくれたかぶらの絵があったでしょ？　その木村さんが、「キーヤンスタジオ」のオープニングのパーティを祇園の〈MOJO〉でされて、俺も寄せてもらった。

そしたらライブで、深水龍作さんが出て来た。瞬間しびれた。俺はツレと三人で一緒に見てたんやけど、あのパーティ会場の中で深水龍作さんにもっともシビレてたのは、間違いなくダントツで俺やった。

正味ピクピクしていたし、言動がおかしくなった。「うーぅ」と手が震えてきたり。

あかんで、あのかっこよさ。

深水龍作さんはもう七〇歳くらいなんやけど。かっこええ。「ベサメムーチョ」を歌わはったんやけど、「ミスター・ボージャングル」も最高だった。

そういうの映画でもあるでしょ。少年が一人、「ガーン」ってなってるシーン。スポットが少年にパーンって当たって、稲妻に打たれたみたいに立ち尽くしてるシーン。俺、完全に深水さんの稲妻に打たれてたなぁ。

まぁ、「かっこええおっさん」はかっこ悪いんやけどね。これがまたおもろいところ。かっこええおっさんが、全部かっこよかったら、惹かれてるかどうかわからない。かっこ悪いところも含めてかっこええ。そんなこともどこかから発信というか発散されてるんやと思う。

そうやなぁ……「かっこ悪い」と一般的には思われることも、「かっこええ」と思ってるんやろな、たぶん。まぁみなさんもそう思ってるでしょ。「かっこええおっさんはかっこ悪いとこがあるからかっこええ論」やな、まさに。

木村さんもメッチャかっこええし、昔からずっと憧れてきた人。憧れというより、どこか真似しているところがあるな。わざと真似はしないけど、しゃべり方とか勝手に真似している。伝染《うつ》ってるんや。まぁかっこ悪い話やけど。たぶん弟子なんやろね俺は。

俺はわりと結婚式の披露宴とかでスピーチをさせられることが多いんやけど、あんまり考えて行くタイプじゃない。そしたら、自分が好きな人や、憧れてる人が勝手に出てくるよね。別に真似しているわけやないけど、「あ、今のしゃべり方、木村英輝さんのしゃべり方やん」と、話している最中にあっ、と気づく。みんなもそんなんあるやろ？

台風ニモマケズ

今週の月曜日は、海に行ったんです。毎年恒例の行事で、八月の第一月曜日に必ず日帰りで海水浴に行くんです。日本海の、高浜へ。最初は電車で、二回目から、小さいマイクロバスに乗って行くようになった。今は大きな観光バス。今年は五〇人くらいで行った。五七、八人のときもあるんやけど、そうなったら補助イスも使ってバスはパンパン、大騒ぎやね。

十何年も同じ月の同じ曜日に同じ場所へ行くということをやってると、小学生やった子が、今、高校生になって彼女を連れて来たりしている。それを感じることってとても楽しい。十何年みんな同じことをしてるから、安らぐのだと思う。もはや昔は町内にあったレクリエーションみたいなもんになってる。なんかねぇ、この行事はとてもいいよ。

集まってくる人たちは特に決まったグループがあるわけじゃなくて、俺も知らない人もいるし、ある年参加したときに仲良くなって以来ずっと来てる人もいる。ほんまに適当。来なかったからといって責められもしないし、急に来ても苦笑いで迎えられるだけ。

いい催しです。

雨天好きの俺が言い出しっぺみたいなもんやから、雨天とか関係ない。全然関係ない。だから台風のときも行ったことがある。そのときは朝八時くらいに着いたものの、さすがに砂浜には誰もいなかった。歩けないほどやないけど台風の風と、雨、いつも行く海の家のおっさんも店に板を張って閉めている。「今年も来たんか⁉　こりゃあ無理やであんた。何のために来たんや。ここで何するんや⁉」と言われた。こっちも「そらそうやなー」と言うしかなかった。

「そやし行かんとこ言うたやんけ！」と、みんなからも文句が出た。それで、「ほなちょっと待ってくれ」「たぶん、民宿もキャンセル続出やろし、ちょっと俺が交渉してくるさかい」と、民宿二、三軒をまわって、「今から二〇人くらいなんやけど、朝飯と、シャワーか風呂だけ貸してもらえませんか。昼までに出て行きますし、一人一五〇〇円かなんぼかにしてください」と交渉した。

そしたら、ＯＫしてくれたところがあった。朝飯といっても、飯と生タマゴと海苔やらそんなん。それで一五〇〇円で二〇人いたら、全部で三万円。台風でキャンセルになって誰も来ないから、民宿にとっても悪くない。それで朝飯を山盛り食うて、風呂でさっぱりさせてもろうて、昼まで寝た。台風もマシになってきたところで、また海の家のおっさんに店開けてもらって、遊んだな。

いつもあんまり泳がない。子どもたちは泳いだり、海の家で眠る奴や飲む奴、みんな適当にしてる。

俺はビーチバレーをする。

で、俺のいるチームが勝つことが多い。俺はスパイ度高いからな。

ネットがあって線は自分らで引くやろ？　すると俺のとこのコートは必ず小さい。一歩ぐらい。俺が引くからね。ほいで、俺は必ず、少しでも時間があったら、「砂を平らにしろ」と指示をだす。バレーをしたら砂浜って凸凹《でこぼこ》になってるやろ。それを足でならす。そのほうが動きやすいからね。全然ちゃう。そうするとだいたい俺のとこが勝つ。

メンバーを入れ替えるでしょ。でも、相手は同じことをしない。だいぶ頭が悪い。わかっとらへんのやろな、俺が何のためにああいうことをしているのか。俺のいるほうはチーム全員でならしとるんやで、必ず。こっちはグラウンドみたいに平ら、向こうは砂浜の凸凹のまま。かつ、コートが一歩短い。そのことも気づいてない。まあしかし団体戦ほどおもしろいものはない。

「鶴亀のタップ」という名の地団駄

ボウリングも、いっとき、深夜によく行った。

全部で八人いるとする。四人対四人の合計点数で勝負する。そしたらほとんど俺のいるチームが勝つ。いや、ほんま。八対二くらいで俺の入ってるとこが勝つ。……勝つんや。

スパイ度高いから。

ほんの少しのことやけど全然ちゃうで。

チーム戦は、プレッシャーがあるとあかん。俺がいるとこはあんまり具体的な指示みたいなことは言わないが、放る前にやる気がなくなるようなことを囁《ささや》く。すると投げるやつがやわらかくなる。そうしたら、プレッシャーから解放され、ええところに転がる。

踊るしね。俺とこのチーム。相手も踊りよるけど。もちろんレーンの中には入らないけど、放った後にいろんなダンスをやる。スペアのダンスとか。ワンピン残りの地団駄タップとか。

三〇代の、俺がけっこうハンサムやった頃、結婚式のパーティとかオープニングパーティとかで「鶴亀のタップ」をよくやった。

鶴亀のタップ？

適当に名前をつけてるだけ。「鶴亀」って、謡やらにもあるし、験《げん》がいいやろうと思って。

アドリブも何も……俺、タップなんてできないし。サミー・デイヴィスJr的シャクレ地団駄をタッタカタッタカツカツカドンって踏みまくってるだけ。きつかったよその頃も。

15

バーに行こう

バーは時代の流れのまったく反対にある。それでも、いや、だからこそ井上は言う。「バーに行こう」と。バーに育てられた——その思い出とともに、バッキー劇場は幕を閉じる。

食前の早い時間にバーへ行こう

ここ最近、バーのことばかり書いてるんです。

なぜかというと、バーって今の時代の流れのまったく反対にある気がして。そやから、最近、「バーに行きましょう」というようなことばかり書いている。

反対なんですよ。

バーって、基本的には高い。高いし、自由じゃない。好き勝手できないし、店の人がピシッとしているので、わりと従わなあかん。バーは基本的に予約もできない。ボックス席のあるようなバーは別やけど、カウンターだけでやっているようなバーは予約できない。

だいたいバーには食後に行ったほうがカラダ的には楽なんだけど、食前の早い時間に行くほうがバーの魅力をより味わえる、というか魅力にあふれてる。食前で行くほうがお酒もおいしい。けれど、次にごはん行くところがあると、酔って、ダメになることもある。飲んだ後でレストラン行ってもおいしさがぼやける。空腹で飲んで、酔うてしまって、せっかくの晩ごはんがダメになるときもある。それでも食前の早い時間に行く。携帯やスマホをカウンターで見たりするのもダメ。

全部、今の反対。

そやし、バーに行ったほうがいいと思う。

そんなこと言いながらも、バーで飲みながらメール打ったりするんです俺は。マスターにバレへんようにこそっと。隠れてやっていると、なんかカンニングしているみたいでしょ。手で隠したり、飲むふりして打ったり……そこまでして、別にメール打たんでもええんやけど。それで何を打ってるかって言うと「サンボアなう」。Twitterしてんねん。トイレで打ったり、外に行って打ったりはしない。ちゃんとカウンターでスパイ的に携帯を見ないで手をブラブラさせたまま打つ。まぁ、わかっても何も言わはらへんと思うけど、でもあかんわね。バーでメールは。

「兄ちゃん、うちTシャツはあかんのや」

ほんとに俺はバーに育ててもらってきた。

寺町の〈サンボア〉は、昔は四時からやってました。

先代のマスターがやってた頃、三時五五分くらいに行ったことがあるんです。戸は開いていて、マスターは新聞を読んではった。開店準備が終わり、届いたばかりの夕刊を読んではったんでしょうね。

俺、わりと行ってたんです、かなり若い頃から〈サンボア〉に。だから全然一見《いちげん》じゃない。

けど、マスターは戸を開けた俺にこう言うんです。

「兄ちゃん悪いなぁ。四時からなんや」。三時五五分やで。

それで、「は、はい。わかりましたぁ」って言って出て、近くの映画館のポスターを見に行ったりして、一周回って帰ってきたら、四時一〇分くらいになっていた。店内に入ると、一人客の方が五人くらいいた。すごいなと思った。

「うわー、たったひと回りしてこれかぁ、ウーム」

しびれたねぇ。まだ一〇分ほどしか経ってないのに、一人客が五人。それが二〇代後半の頃かなぁ。

こんなこともあった。夕方にカウンターに座った。それでコースターがシュッと出てきたと思ったら、マスターがそのコースターをスッと引かはってね。

「兄ちゃん、うちTシャツはあかんのや」と言われた。俺、わりと上等のTシャツ着てた。ペラペラじゃないで、厚いの。でも、「はぁ、わかりました」って言って店を出た。俺、けっこう素直なんやね。もうその日は行かへんかったらええのに、俺もしつこいから、近所でやってたワゴンセールでボタンダウンのシャツを買って、それでまた〈サンボア〉に行った。いい経験させてもらってるやろ。街は最高や。

でも開店直後のバーってね、空気がピーンとしていて本当にいいんですよ。なんとも言えない感じ。きちっと掃除がしてあってね。

路地裏のマスター

その〈寺町サンボア〉の先代のマスターが亡くなられたときは、京都新聞にも「名物マスター亡くなる」という記事が出た。

その日やったと思う。先斗町の〈ますだ〉という居酒屋に一人で行っていると亡くなられた〈サンボア〉のマスターの話になった。

「あのマスターにはいろいろ言われたわ」っていう人もいましたけど、その内の一人が「見た」と言った。店の横の路地で乞食みたいな人とマスターがよく一緒に座って空瓶《あきびん》の中の酒をキャップで飲んでいたのを見た、と。俺も何回か路地でマスターを見かけたことがあったけど、「何しとるんやろマスター」って思っていた。

話を聞いていると、わざとちょっと酒を残して、空瓶を出していたらしい。その人が飲みに来るために。

それでその人が飲みに来ているときに、マスターも一緒に座ってキャップで飲んでいたらしい。事情はいろいろあったみたいやけど。

なんか、そんなマスターに叱られたことがうれしかったな。だから「兄ちゃんあかんねんや」って厳しいことを言われてもな、まぁ自然に、納得するわけや。

手の色気

道頓堀に〈バー・ウイスキー〉という店があって、小野寺さんというマスターがおられる。

マティーニをつくるとき、シェーカーを振ってショートカクテルのグラスに入れるでしょ。最後にレモンピールをピュッとしぼって香りをつける。マスター、そのレモンピールをすごい入れ方で入れる。グラスのかなり上、自分の頭くらいの位置で両手を大きく振ってね。ピュッと。

それはそれは、とてもかっこいい。たまらない。

普通に入れるほうがレモンピールの香りは多いと思うけど、こっちのほうがうまく感じる。レモンピールなんてほとんど入ってないんちゃうかな。それでも、うまい。

今は違うけど、その頃マスターのシャツの袖の折り返しが長かった。で、気になって訊いたことがあるんです。そしたら、「そのほうが色気がある」と端的に答えられた。

普通の折り返しよりカットも綺麗だし、お酒を出す手にも色気が出る。そういうのも、全部計算してやっておられる。だから、レモンピールの入れ方にしても、レモンピールがグラスに入るかどうかよりも何かゴキゲンを知っておられる。まぁ言うたら、一種の儀式みたいなものやね。

素晴らしい。ほんまにバーは素晴らしい。バーのある時代に行っとくべきやと思う。

開店前の「赤とんぼ」

神戸の〈ローハイド〉にも、よく行きました。

神戸に行くときは、ここが開く時間に合わせて仕事のアポを入れる。〈バー・ローハイド〉は五時に開くから、三時頃に仕事のアポを入れて一時間半くらい打ち合わせがあっても、ここに五時には着けるようにいつもしていた。

あるとき、開店一五分くらい前に着いた。すると大きなボリュームで「赤とんぼ」がかかっていた。いつもは、ジャズがかかっている空間に。

「夕焼け～小焼けの～赤とんぼ～」

合唱団が歌っている童謡。

戸を開けて入った俺に気づくと、マスターの山本さん（先代）が「あ、バッキーさん！　はずかしいな」って俺のことを見つけてニコッとしてね。

「ワッハッハッ、童謡も好きなんです。すぐにジャズに変えますわ」って言わはったんやけど、俺は「このままにして、もう一回聴かせてほしい」とお願いした。

ほんまに、ジーンときた。

赤とんぼ。

バーってええ場所やなって思い始めたでしょ？

まぁ、損すること多いんやけどね。でもきっと助かると思う。

金払って緊張して……それがええねん。

ええバーといっても、いろいろあってね。

俺なんかはわりとスタンダードなのが好きやけど、そうじゃなくてバカラとかアンティークのグラスを使うお店もあったりする。それはそれですごいバーだと思う。決してええ格好しているわけじゃなくて、良いグラスで飲んでもらおうと思うてはってね。

でも、若い人でなくても行き慣れるまでは、基本的には安いバーがいいんちゃうかなぁ。一杯が一五〇〇円も二〇〇〇円もする高いバーは、あんまり行く必要ないんちゃうかな。おもろないもん、高いバーは何回も行けへんしね。せめて一杯が八〇〇円くらいまでで、三杯ほど飲んで二〇〇〇円くらいのバーやないとおもしろくないと思う。バーは日数と回数と杯数をいかな面白くない。

バーなんか行って行って行きまくるのが正しい使い方やと思う。権藤、権藤、雨、権藤や。

エピローグ 戦いはこれからだ。

錦・高倉屋のプロフィール

今日ね、井上さんとこのお漬物屋さんがどんな店なのか、プロフィールを簡単に書いて送ってくれって言われたんです。それで書いて送ったのが、これ。

「錦・高倉屋は創業以来、この時代にある漬物屋の役割をずっと考えてきました」――ちょっとイキリすぎかな。

「昔から伝わって来たものを大事にしていきたい。時代に合わせて変化をする必要がある。買われる方と、買われない方がおられ、味そのものは同じでも、味わう環境が変われば、それは異なるものになる。そんな矛盾に近いことを思う中で漬物屋はどこを見るべきなのか」

これは、異業種交流会のプロフィールなんです。

「漬物屋はどこを見るべきなのか。浅漬は折れるが、古漬は曲がる。古漬は調和と時間の象徴だと思う。四季の移ろいがあり、山河のある国。贈り物をするという日本の素晴らしい伝統。錦市場の漬物屋として、役に立てることが、きっとあると考えています」

——日本はみんなのよりどころだということを、漬物を食べて証明しよう。

戦いはこれから

漬物屋をやっていて、よく思うことがあります。

「昔からのものをずっとやり続けていく」というのがある一方で、「変化していかなあかん」と。そのグラデーションが非常に難しい。それは僕らだけが難しいわけじゃなくて、会社でも、店でも、同じこと。いかに売上を上げて、収益を出すかという方向に進めば、そのためにどういうバランスでやればいいのか。ということだと思うんだけど。難しい。

媒体が漬物なので、お年寄りのお客さんも多いし、俺はどうしてもそのお客さんを見てしまう。お客さん全体を見ていろいろ考えなあかんねんけど、年長の人をどうしても見てしまう。また、地域や個人によって、味の加減が全部違う。ご年配の方でも、その人の家族構成によって買われるお漬物が違ってくる。そやし、優先事項がハッキリできない。何度も言うけどついついよく買いに来てくれるお年寄りのお顔を思い浮かべてしまう。でもそれでいいと思ってる。

インターネットで注文したほうが得なことがあるのは、道理としておかしくないかと思ってしまう。お漬物を電車に乗って買いに来てくれる老夫婦がおられる一方で、その方よりもインターネットで買う人が、安く買えたりとか得をする。そういうのは道理としておかしいと思っている。

そこで、来てくれるお客さんに何をどうしていくかを考えてる。

ボリュームで言うと、電車に乗って買いに来てくれる老夫婦が買う量よりも、ネットを通して多数の人が買っていく量のほうが多いかもしれない。商売はその多数を見なあかん。それを優先すれば俺はいったい何なんだ、と考えてしまうんやけどね。そのぬるさがダメなところかな。まぁ、ダメかどうかはまだまだわからへんけどなぁ。

いつも、戦いはこれからやと思っている。これから、戦いが始まると思うよ。どの業界も。きつい戦場になってきたんちゃう?

インターネットのお客さんに対しても、いろいろやってるにはやっているけど、どうしても、もうちょっとウェットなゾーンに意識が行ってしまう。そういう区別したらあかんねんけど、正直なところを言うと、ウェットな世界をなんとかしたいと思うわな。

漬物屋ってね、なんて言うのかなぁ……いやぁ、試されてる気がするなぁ。

「必要なものだけ生き残れる」だったら、俺は生き残れなかった。

「必要なものだけ生き残れる」というのなら、俺は生き残れへんかったやろうね、たぶん。

そやから、必要なもん以外は要らんということであれば、俺の存在理由ってなかった。でも「存在しろ」と誰かに言われてるような何かを肌で感じているから、必要じゃないもののほうがカタチを変えて生き延びる可能性が高いっていうようなことを、いろんなことにかこつけて書いたり言ったりしているんやろうね。

特に俺なんかほんまは要らんねんけど、破片みたいなのがいっぱい付いてるから、その破片を全部取ったら何もなくなるんやけど、その破片がいっぱいあるから、必要やと思われるという錯覚が起こってるんやね。ややこしいね。

破片やね。カケラ。

たとえばヤンキースの松井とかイチローとか、要るやん。京都の料理界の巨人とか、イタリアンの巨匠とかにしても要ると思う。芯があってスジが通って、何かを成し遂げた人は必要やと思う。

俺なんかはこう、よくわからないフレーズやらがいっぱい付いとってね。「カマンベール」とか、「酒でパー」とかいっぱい付いとって、それ一個ずつ取っていったら、ほんまに何もあらへんかもしれん空洞や。パッチワークのナマコや。

俺自身が不要なものかと考えてしまうから、「不要なものが大事なんだよ」ということを、いろんな人に言ってしまうんやね、たぶん。要らんもんを切り捨てていったら、あかんしね。大事やと思うんやけどな。だから負けられない。

街の中で生きるということ――動けば傷つく傷つける

それでも、いろんな葛藤がある。俺なんかはこれでいい。「人生、行きがかりじょう」「ヒダヒダ取ったら無になる」。そういう人でいいわけや。けど、それに付いてきてくれる人にとっては、どうやろと思うと、「ウーム、どうかな」となる。たとえば、「その骨のない人のつくってる漬物ってどうなん？」とかね。「そういうところに働きに行ってるうちの息子はどうなんだろう」とかなると、ウームと考える。

でも、なんかそういうことも全部含めて存在するっていうのが、「街の中で生きる」ってことやからなぁ。だから、たとえば何か文章を書いたり、インタビューしてもらったり、本を出したりとか、露出すればするほど、誰かを傷つけたりする可能性って高くなる。もちろん自分も傷つく可能性は高くなる。でも、それも全部含めて、この街で生きてるって感じですよね。

昔、下町のお好み屋さんがあって、もし俺らが書かへんかったら、昔の佇《たたず》まいそのままでずっとあったかもしれない。けど、書いたことによって、新しい客がドンドン来るようになった。増えた分、地元のお客さんが減るわね。「混んでるんやったらまた今度にしようか」っていうふうに行く頻度が下がる。

で、その中で、来たことのない人が新しく来るので、わかりやすいメニューにしようとなってくる。ほんなら、昔は油ですす汚れた、古い品書きだったのが、プラスチックの新しいボードにパソコンの書体とかで書かれるようになると、やっぱり雰囲気や佇まいが変わるでしょ。

自分たちが書いたことで、そういうものが無くなるきっかけになる。だけど「だから、そこはそっとしておく」っていうのは、俺はちょっとどうかと思う。「そっとしとかなあかんのちゃうかなぁ」と思ったけど「それも含めて……」というふうなことをそのときに感じた。

その店を大事にするっていう気持ちは一緒なんやけど、書くことで何か変わるのは間違いない。それでも「ええ店であってくれ」と思う。

書けば誰かを傷つけるし、何かを変えたりする。それは良いとか悪いとかじゃなくて、必ず何か変わるものだと思う。

変わらなかったら書く必要ないしね。

そう思うたら手がかじかんだりすることがある。「もう、全部それも含めてや！」って思うしかないよな。勘違いしてるか。

パッチワークまたはツイード人生。

ようこんだけ、ビラビラだけで続いてきたなぁと思ってる。骨があらへんねんで？ほんま。デザインのやり直しばっかりし続ける「内臓の無い生き物」って感じやな。

全部パッチワーク。

要するに、ナマコ（ナマコ、スマン）……ナマコって筒みたいなもんやん。ちくわみたいなもんや。あれの胴体がパッチワーク。そら全部パッチワーク取ったらな、「無」になるわけや。気持ち悪いでぇ。

せやけどほんま、結局、パッチワークやんなぁ。まぁ言えばね。パッチワークって、そのはぎれがなければ無いもんな。

パッチワークやから、一個のはぎれが取れても、そのはぎれのとこを埋めたらええだけ。一から仕立て直す必要はない。違うのを張っていったらいい。色の違うのも、素材の違うのも、いろいろいっぱいあっても、遠くから見たらわからへん。ツイードみたいなもんで。ツイードの生地って、アップで見たら赤やら緑やら黄色やらいっぱい入ってるけど、遠くから見たら奥行きのあるグレーとか茶色でしょ。パッチワークもそうで、いろんな素材やら色がいっぱいあるけど、遠くから見たら独特の質感のある普通の服。

「泣いてるハギレ人生」

……決まったなぁ。

あとがき

ミシマ社の三島くんと初めて会ったのは江弘毅の本（『飲み食い世界一の大阪〜そして神戸。なのにあなたは京都へゆくの〜』）の出版記念イベントのときでした。ボーダーのシャツを着た中世の男のような若者が錦・高倉屋の前に現れた。それが三島くんでした。

ミシマ社というのは内田樹先生や平川克美さんの本で知っていて、なんかけったいな出版社やなと思っていたが、張本人を見て俺は何だかわかった気がしました。

俺はたぶんこのボーダーのシャツを着た中世の男と何かやることになるのだろうと、彼が錦・高倉屋の前に立っていたときにわかっていました。

本屋さんでの江弘毅とのトークショーが終わったあと、久しぶりに江とチョット百練で飲もうということになって夕方から飲んでいると、また彼があの顔で現れました。そのときに江がチョット苦笑いして「おー、三島くんあんなんでよかったかー」と言ったとき、三島くんというのは「さては世代の違う猛獣使いなのかな」と俺は判定していました。

そしてそれから彼が百練を使ってくれたりしているときに偶然俺もそこにいて飲みながら話をする機会が何度かあり、そのときに話した、店に浮遊しているフレーズのことや「パッチワークはまわりを湿らせながら進化する」ということなどが彼の何かを振動させて、本にするということになったんだと思う。

ボーダーのシャツを着た中世の男が俺に唐突に、「バッキーさんの話を若い人にして、何とかなると思わせなあかんのです。本にしましょう、やりましょう」と彼が正味そう言いました。

実は五年ほど前、公私ともにうまくいかないことが続いたうえに体調が良くなかったときがあった。そんなある日、フラッと夕方本屋へ行ったとき、心が弱ったときの本や鬱《うつ》の本がいっぱい平積みで並んでいました。チラッと手にとって開けて見れば、まさにそのときの自分にほとんど当てはまりました。その瞬間にスパイ度の高い俺は「いかん、このままこの本を読めば俺は自分自身を病気だと判定してしまう、逃げろ！」と、本屋を飛びだして当時五時からやっていた祇園《ぎおん》のおでん屋に急いで行って飛び込んだ。そしてまるでそれらに匿《かくま》ってもらうかのように熱燗《あつかん》とおでんを注文した。

そのときに「こんな俺でも弱るときがあるんやから、みんな大変や」と、本当に思った。

今思うとボーダーシャツの中世の男はノートルダムから来たのかという気がしてきた。

この本が在ることによって、磯辺の生き物や森の住人やヒダヒダに包まれて愛されて生きていきたい人のほんのわずかでも拠《よ》り所になればうれしいなとココロから思っています。

錦・高倉屋のカタログに書いた文章です。こんなふうに思っています。

「変わらないものやことがあるというのは私たちに安らぎを与えてくれます。また、季節の移ろいを感じることができることは幸せなことです。繰り返す季節の移ろいや歳時や節気があることで一年が輪のように思えます。未知なる時間を進んでいるのだけれど、いつか通った感じがして安心するのでしょうか」

変な本ですみませんでした。またお会いしましょう。

二〇一三年九月九日

バッキー・イノウエ

バッキー井上名言海・自己解説

「さあ焼肉の花をごはんに咲かそう。」

焼肉屋の取材でこのフレーズを発見したときは、「ほんまに俺は天才ちゃうか」って思った。焼肉を食べてて、白ご飯の上に肉をトントン乗せる。タレで白ご飯を汚す。あれがうまい。タレの付いているところを薄く剥ぎ取るようにしてご飯を食べていくと、おいしいさを何回も味わえる。それで、「あ、これって焼肉の花やん！」って思った。白ご飯の上に咲くのが、焼肉の花やったんや。

「古漬は曲がるが、浅漬は折れる。」

古漬と浅漬の違いって、たとえば胡瓜《きゅうり》やったら、糠に入れて半日から一日漬けたら、もう浅漬なんですよ。でそれを二週間とか漬けておくと、古漬になる。違いは時間。糠床が色をくすませていったり、発酵していったりして、糠床と胡瓜が時間とともに調和していきよる。それでより酸味が増したりしてね。古漬はまさに時間と調和の作品みたいなものなんです。そやから、浅漬みたいなおいしさはないけど、また古漬は古漬独特のおいしさができてきよる。「古漬は曲がるが、浅漬は折れる。」。中年を支える標語やね、これ。君らも中年になんねんで、絶対。古漬になるんや。

「全部許して飲もうじゃないか」

「安酒場」って、ちょっとガチャガチャしていたり、便所がちょっと汚れていてもいいとか、隣でタバコを山盛り吸っててもしかたない、酔うたおっさんがしゃべりかけてきてもしゃあないとか、あるでしょう。そんなことを考えてたときに、そうか、安酒場の素晴らしさは安いだけではなく「全部ゆるして飲もう！」なんだと定義づけた。

「蓼食う虫も好き好き。蓼酢飲む客おれひとり」

鮎を食べるとき蓼酢《たです》をつける。普通は刺身醤油の小皿に入っている。でも、俺がよく行く居酒屋では少し大きめの小皿に蓼酢がなみなみ入っている。つけ汁とか、好きやねん。汁は基本的に全部飲む。飲めるとこはうまい店。

写真

野口博（フラワーズ）

バッキー井上　ばっきー・いのうえ

本名・井上英男。１９５９年京都市中京区生まれ。高校生のころから酒場に惹かれ、ジャズ喫茶などに出入りする。水道屋の職人さんの手元を数年した後、いわゆる広告の「クリエイティブ」に憧れ広告会社にもぐり込む。画家、踊り子、「ひとり電通」などを経て、37歳で現在の本業、錦市場の漬物店「錦・高倉屋」店主となる。そのかたわら、日本初の酒場ライターと称して雑誌『Meets Regional』などに京都の街・人・店についての名文を多く残す。さらには自身も「居酒屋・百練」を経営。独特の感性と語りが多くの人を惹きつけ、今宵もどこかの酒場で、まわりの人々をゴキゲンにしている。著書に『たとえあなたが行かなくとも店の明かりは灯ってる。』（１４０Ｂ）がある。

人生、行きがかりじょう　全部ゆるしてゴキゲンに

二〇一三年十月二日　初版第一刷発行

著者　バッキー井上

発行者　三島邦弘

発行所　(株)ミシマ社

郵便番号一五二－〇〇三五　東京都目黒区自由が丘二－六－一三

電話　〇三－三七二四－五六一六　FAX　〇三－三七二四－五六一八

e-mail: hatena@mishimasha.com　URL: http://www.mishimasha.com/

振替〇〇一六〇－一－三七二九七六

制作　(株)ミシマ社京都オフィス

ブックデザイン　鈴木成一デザイン室

印刷・製本　(株)シナノ

組版　(有)エヴリシンク

ISBN: 978-4-903908-45-8

シリーズ
22世紀
を生きる

シリーズ 22世紀を生きる

21世紀が幕を開けて、もうすぐ15年。

そろそろ、22世紀の生き方を考えてみてもいいのではないか。

そう思って周りを見渡したとき、「おお」と思わず感嘆の声をあげました。

いるいる……。すでに、来世紀の生きようを先取りしているような方々が、周りに大勢いらっしゃいました。


本シリーズでは、そのような達人たちの声を、できるかぎり「肉声」に近い形でお届けすることにしました。「書く」とどうしても消えてしまいがちな「論理を超えた論理」が、「肉声」には含まれます。そこにこそ、達人たちに秘められた「来世紀を生きる鍵」が宿っている。そのようにも考えています。『論語』や『古事記』など、時を超えて読み継がれる書物の「原点」には、「語り」があると思います。そうした編集の原点に立ち返るとともに、現代の息遣いがしっかりと後世に残っていくこともめざします。

読む人ひとりひとりに、達人が直接語りかける——。その「息」をぜひご体感くださいませ。


「シリーズ 22世紀を生きる」

末永く、ご愛読いただければ幸いです

ミシマ社 三島邦弘